Heinrich Hansjakob

Im Gefängnisse

Neue Erinnerungen eines badischen Strafgefangenen

Heinrich Hansjakob

Im Gefängnisse
Neue Erinnerungen eines badischen Strafgefangenen

ISBN/EAN: 9783743601512

Hergestellt in Europa, USA, Kanada, Australien, Japan

Cover: Foto ©ninafisch / pixelio.de

Manufactured and distributed by brebook publishing software (www.brebook.com)

Heinrich Hansjakob

Im Gefängnisse

Im Gefängnisse.

Neue Erinnerungen eines badischen Strafgefangenen

von

Dr. Heinrich Hansjakob.

Mainz,
Verlag von Franz Kirchheim.
1873.

Vorwort.

Als ich vor drei Jahren „wegen Störung der öffentlichen Ruhe und Ordnung" in Folge einer Volksrede in dem mauerumschlungenen Rastatt, im Schlosse saß, schrieb ich ein kurzes Tagebuch unter dem Titel: „Auf der Festung, Erinnerungen eines badischen Staatsgefangenen" (Würzburg, bei Wörl). Das Büchlein fand eine so wohlwollende Aufnahme bei der katholischen Leserwelt, daß ich es abermals wage, die Erlebnisse und Gedanken, während meiner jüngsten Gefängnißhaft hier vorzulegen.

Wir leben in einem Reiche, in dem trotz seiner „Gottesfurcht und frommen Sitte" mancher katholische Priester und Laie Aussicht hat, eingesperrt zu werden, und dürfte es deßhalb allen denen, die „werden können, was ich gewesen", nicht unangenehm sein, zu erfahren, wie so ein „vaterlandsloser Römer" im Gefängnisse leibt, lebt und behandelt wird.

Möge aber die Schilderung einsamer Gefängnißtage keinem den Muth nehmen, in den Kämpfen unserer Tage treu und fest auf der Seite unserer heiligen Kirche zu streiten — für Recht und Freiheit.

Hagnau am Bodensee, im September 1873.

Der Verfasser.

Amtsgefängniß Radolfzell am Bodensee, am
Feste Petri Kettenfeier 1873.

Petri ad vincula[1])! Kann es einen schöneren Tag geben für einen katholischen Priester, um sich einsperren zu lassen, als den, an welchem die Kirche das Andenken begeht an den gefangenen Apostelfürsten? Drum habe ich auch heute bei Zeiten mein „Miramare" verlassen, um in Constanz mir die Ermächtigung an das Amtsgericht Radolfzell zu erwirken, damit ich am 1. August, welcher Tag eigentlich schon längst fixirt war, aufgenommen werde in den sechswöchentlichen Schatten des neu erbauten Gefängnisses. Ich wollte „dem politischen Einsiedler" noch Adieu sagen, bevor ich selbst zum „Einsiedler" würde — allein er war ausgeflogen in die Berge am Vierwaldstätter See, er, der freie Mann, während unsereiner dem Kerker zueilte.

Es war ein schwül heißer Nachmittag, als der Zug an der alten „Cella Radolti" anfuhr und mich ablud — meiner Bestimmung entgegen. In dem Oberamtsrichter traf ich einen Mann, der mir im Leben schon einmal begegnet; er war Referendär an den Quellen der Donau, in Donaueschingen, während ich zur gleichen Zeit als Lehramtsprakticant am dortigen Gymnasium functionirte. Heute stund ich vor ihm, er Oberbeamter des Gefängnisses, und ich aus dem Staatsdienste schon seit Jahren entlassener, zum zweitenmal eingesperrt werdender Sträfling. So geht es dem Menschen, wenn er die Wege des vaterlandslosen Ultramontanismus wandelt! Schon lange könnte

---
1) Petri Kettenfeier.

ich badischer Professor und Staatsdiener sein, und meine Ehre würde so streng gewahrt, wie die jener Beamten, um deren Berufsehre willen ich zweiunddvierzig Tage hinter Schloß und Riegel sitze, während über den „Pfaffen" jeder Lump glaubt ungestraft schimpfen zu können. Doch zunächst und vornherein wollen wir die Frage beantworten: „Freund, wie bist du hieher gekommen?" Wie kömmt es, daß du zum zweiten Male abgeirrt vom Wege des Rechts, zum zweiten Male dein Brod „in Thränen" essen mußt? Um der Leser willen, die außerhalb der badischen Grenzpfähle wohnen, wollen wir den Hergang und den Frevel, für den wir hier büßen, kurz berichten: Es war an einem schönen Wintertage im zweiten Jahre der Gründung Neugermaniens, des Reichs der Gottesfurcht und frommen Sitte, da fuhr ich aus der badischen Residenz am Landgraben in meinen Wahlbezirk, theils um den im Dorfe W. versammelten Wählern über meine Thätigkeit als ihr Abgeordneter zu referiren, theils um ihre Wünsche und Klagen entgegen zu nehmen. Denn Wünschen und Klagen ist manches Bauern täglich Brod in unserer liberalen Zeit, wo der Steuerzettel immer mehr wächst und die Zeiten immer betrübter und armseliger werden. So klagten denn auch meine „rossenährenden" Bauern, daß bei Vertheilung der aus Staatsmitteln gewährten Preise für Pferdezucht mehr auf die Farbe der Bauern, als auf die Farbe der Pferde Rücksicht genommen werde. Getreu meiner Pflicht brachte ich diese Klage in der öffentlichen Landesversammlung zur Sprache, ohne daß die Vertreter der badischen Regierung meine Behauptung angegriffen oder widerlegt hätten. Durch alle Blätter des Ländchens ging diese, in Form eines „schlechten Witzes"-gekleidete Rüge, unangefochten und ungestraft.

Im wunderschönen Monat Mai des folgenden Jahres 1872 hielt ich nun mit dem Dreigespann am See, Edelmann, Schachleiter und Werber, eine Volksversammlung in Marktdorf ab, und als Abgeordneter der auch hier versammelten katholischen Volkspartei referirte ich in längerer Rede über meine Thätigkeit in der zweiten badischen Kammer. Hiebei berührte ich auch obige

Klage meiner Wähler, ohne jedoch einen Namen oder Stand der bei Vertheilung jener Prämien beschäftigten Beamten zu nennen. Als Polizeibeamte fungirten bei diesem Volkstage im Auftrage des Bezirksamtmannes ein bezirksräthlicher Thierarzt, Fortschrittsmann und hochliberal, und der Gendarmeriewachtmeister obigen Amtmannes. Der Thierarzt fühlte in meiner Ausführung seinen ganzen Stand angegriffen und erhob das Wort zur gewappneten Gegenrede, wurde aber, wie man zu sagen pflegt, im Wortkampfe abgeführt und verließ unter dem lauten Lachen der Bauern den Saal. Auch dem anwesenden Gendarmen mochte kaum gefallen haben, was ich über die Dienstleistungen der Gendarmerie bei Wahlen ꝛc. sagte.

Am folgenden Tage setzt sich der Viehdoctor hin und meldet, was ich gesagt, dem Großherzogl. Landstallmeister von Röder, der, obwohl wissend, daß die Aeußerung ihrem ganzen Wesen nach bereits in der Kammer gefallen war, unter ehrenkränkenden Ausdrücken gegen mich, sofort eine Beschwerdeschrift an das Ministerium des Handels abgehen ließ. Der Gendarm aber mußte seine „Meldung" dem Amtmann und der sie dem Ministerium des Innern gemacht haben, denn auch dieses, an seiner Spitze Staatsminister Jolly, beantragte mit dem Handelsministerium bei der Staatsanwaltschaft Constanz eine Untersuchung und Anklage „wegen Beleidigung des Landstallmeisters von Röder und des Thierarztes Bell in Offenburg in Bezug auf deren Beruf." Der Staatsanwalt nahm die Sache sofort in die Hand, doch erst am 31. Juli kam mir die Anklageschrift zu mit dem Antrag an das Gericht, mich wegen obigen Vergehens in die Kleinigkeit von sechs Monaten Gefängniß zu verurtheilen. Ich widersprach die Anklage in der Weise, behauptete ein Kammerreferat gegeben zu haben und berief mich auf die Verfassung, wornach „wahrheitsgetreue Berichte" über öffentliche Kammerreden von „jeder Verantwortlichkeit" frei seien. Die „Raths- und Anklagekammer" Constanz übertrug jedoch, ohne Verweisungsbeschluß zu erlassen, die Aburtheilung der Strafkammer, die auf den 20. October Tagfahrt festsetzte. In letzter

Stunde bewirkte mein Rechtsbeistand, der demokratische Landtagsabgeordnete von Feder, eine Sistirung und Zulassung der Beschwerde an das Oberhofgericht. In der Beschwerdeschrift war nun ausgeführt: „Ich hätte als Abgeordneter das Recht und die Pflicht die öffentlichen Zustände des Landes zu besprechen, Klagen des Volkes vorzubringen. Zu diesem Zwecke sei durch die Verfassung der Volksvertreter in seinen Reden geschützt, der ebenso ein unbestrittenes Recht habe überall im Lande über seine Thätigkeit zu referiren, wobei ihm abermals der Paragraph 48 der Verfassung zur Seite stehe, wornach wahrheitsgetreue Berichte über Kammerreden von jeder Verantwortlichkeit frei seien."

„Man habe aber mich in Untersuchung gezogen, bevor man nachgewiesen, daß ich wahrheitswidrig gesprochen hätte, während von jeder Verantwortung frei, so viel heiße, als frei von jeder gerichtlichen Untersuchung, nicht bloß von Strafe. So sei also das ganze gegen mich eingeleitete Verfahren verfassungswidrig."

Das Oberhofgericht verwarf diese Beschwerde als theils unbegründet, theils unzulässig. Eine von mir verlangte Abschrift dieses Urtheils ist mir nie zugekommen, wohl aber der Sportelzettel.

Jetzt wandte ich mich an das Großherzogl. Staatsministerium und bat um Sistirung des gerichtlichen Verfahrens, da man mich verfassungswidrig verfolge. Meine Bitte ward unter dem Vorsitze des Großherzogs verworfen.

Am 22. Februar d. J. stund ich nun vor der Strafkammer Constanz zur Aburtheilung. Ankläger war Oberstaatsanwalt Hager, Vertheidiger der Angeklagte selbst. Es waren vierundzwanzig Zeugen. Zwanzig dieser Zeugen nun behaupteten ich hätte keinen Namen genannt, (wornach der Vorsitzende besonders fragte, und worauf das ganze Gewicht gelegt wurde,) wenigstens hätten sie das nicht gehört; einer derselben nahm fest und sicher auf seinen Eid, daß Niemand genannt worden sei. Der Thierarzt, der Gendarm und zwei weitere Zeugen behaupteten, ich hätte den Landstallmeister und den Bezirksthierarzt genannt;

der eine nicht, ohne daß der Präsident ihn aufmerksam machte, daß er in seinem ersten Verhör andere Angaben gemacht habe. Auch der Thierarzt differirte theilweise mit seinem, am Tage nach der Rede, an das Landstallmeisteramt gefertigten Bericht.

Der Gendarm, ein getreuer Diener seines vorgesetzten Amtmannes, fügte noch bei: „Dr. Hansjakob habe bei dieser Versammlung auch noch den Herrn Staatsminister Jolly lächerlich gemacht." Diese Aeußerung des Gendarmen brachte mich auf einen Gedanken, dem ich einmal Worte verleihen will an einem Orte, wo ich offene Redefreiheit habe.

Alle Zeugen gaben zu, daß ich als Abgeordneter referirt hätte. Die Staatsanwaltschaft trug auf zwei Monate an — Staatsanwalt Fieser, der sechs Monate gewünscht hatte, lehnte schon früher den Proceß gegen mich ab, da in katholischen Blättern gestanden war, Fieser sei mir feindlich gesinnt, weil ich in der Kammer sein Benehmen als Staatsanwalt angegriffen hatte. — Nach mehrstündiger Berathung entschied der Gerichtshof auf sechs Wochen Gefängniß, wegen Beleidigung des Stallmeisters von Röder und des Thierarztes Bell — weil ich durch Nennung der Namen, nach Aussage vierer Zeugen, und durch Zusätze mehr gesagt hätte als in der Kammer und auch kein Gesammtbild der Kammerverhandlungen, sondern nur der Reden meiner Fraction gedacht hätte. Ich führte abermals Beschwerde beim obersten Gerichtshofe, abermalige Verwerfung folgte. Jetzt suchte ich um Wiederaufnahme des Verfahrens nach und um Wettschlag, da Herr von Röder, in seiner Eigenschaft als oberster Beamter des Landesgestüts sich ehrenkränkender Aeußerungen gegen mich erlaubt habe, ehe das Gericht sich ausgesprochen, ob er auch nur wirklich beleidigt sei.

Am 9. letzten Monats war hierüber Verhandlung und das Resultat Abweisung meines Gesuchs, weil keine gesetzlichen Gründe zur Wiederaufnahme vorhanden seien. Privatklage gegen Röder, sowie Berufung an das Oberhofgericht stehe mir frei. Ich unterließ Beides aus guten Gründen, obwohl ich nicht an das Fatum der Badischen Landeszeitung glaube, die einmal gesagt: „Wer nicht mit uns geht, ist ein rechtloser Mensch." Ich erklärte mich bereit, da der Strafvollzug angeordnet werden ollte, am 1. August meine Zelle aufzusuchen, legte aber ärztliche Zeugnisse vor und bat um die für meine angegriffene Gesundheit nöthigen Concessionen, da ich dieselbe um so weniger gefährden wollte, als ich feierlich vor Gott, vor meinem Gewissen und vor der Welt bezeugen kann, daß ich die Aeußerungen, die mir die vier genannten Zeugen in den Mund legten, nie gethan habe und somit, meines Erachtens, schuldlos gestraft werde.

Alle meine Angelegenheiten waren geordnet, mein Freund, der Land- und Reichstagsbote Lender, hatte mir seinen braven Vicar, einen Jesuitenzögling, zur Verwaltung meiner Pfarrei überlassen und meine Effecten waren bereits in Radolfzell, da kam beim Aufbrechen noch eine Vorladung des Amtsgerichts Ueberlingen auf den 4. August zur Eröffnung eines Erlasses der Strafkammer Constanz, die „Vergünstigungen im Gefängnisse" betreffend. Da ich aber bereits auf dem Wege zu letzterem und „all mein Sach' bestellt" war und nicht drei Tage ungesessen verlieren wollte, ging ich doch und erwirkte mir in Constanz bei dem Vorsitzenden der Strafkammer, daß ich heute schon aufgenommen wurde, ansonst mich, ohne diese directe Weisung, der hiesige Oberamtsrichter nicht einmal eingesperrt hätte.

So bin ich hierher gekommen, nachdem der Proceß ein Jahr und zwei Monate gedauert hatte und selbst mit meiner sechswöchentlichen Sitzung nicht zu Ende sein wird, da ich entschlossen bin die Sache vor den nächsten Landtag zu bringen. Es soll hier principiell entschieden werden, ob und wie weit ein Abgeordneter referiren darf — sonst ist jeder Volksvertreter der Gefahr ausgesetzt, vor Gericht beweisen zu müssen, daß er wahrheitsgetreu referirt habe und, wenn es Zeugen gibt, die ein schlechtes Gehör haben, unter Umständen eingesperrt zu werden, wenn er in der Lage war, beim Landtage unangenehme Dinge sagen zu müssen.

Das Amtsgefängniß, in dem ich auf einen „Sperrsitz"

abonnirt bin, ohne fürchten zu müssen, daß das „Abonnement" so bald aufgehoben werde, ist in seiner Art eine schön gebaute, thurmartige Frohnveste und erst vor vier Jahren vollendet worden. Da man in Baden zu allen Zeiten Geld wie Heu hatte, so wurden keine Kosten gespart und das Gebäude in einer Festigkeit und Massivität aufgeführt, daß wir nur wünschen können, das deutsche Reich möge so lange den Unwettern und Stürmen der Zeit trotzen, wie das Amtsgefängniß in Radolfzell.

So verlockend der äußere Anblick dieser Veste für jeden Verbrecher und Vaterlandslosen ist, eben so eng und klein sind die Räume im Innern; im ganzen Hause nicht ein ordentlich geräumiges Zimmer, lauter Schlupfe und Winkel, ein übertünchtes Grab, inwendig, die Familie des Gefangenwärters ausgenommen, voll von Dieben, Spitzbuben und zeitweilig von Ultramontanen.

Da die erstere Sorte zur Zeit nicht stark vertreten ist, gab mir der Beamte eine Zelle ohne Nachbarschaft, die ungefähr zehn Schuhe in der Länge und eben so viel in der Breite hatte; ich selbst aber bin über sechs Fuß lang! Und doch muß ich froh sein, hier und nicht in Ueberlingen, wo ein wahres Unkenloch sein soll, meine Strafe büßen zu können.

Das verdanken wir dem deutschen Reich und dem einheitlichen Strafgesetzbuche. Im badischen Strafgesetze war für Vergehen meiner Art und für Personen meines und jeden gebildeten Standes überhaupt, die Festung vorgesehen, jetzt aber heißt's in's Gefängniß, wo jeder „andere Hallunke und Spitzbube" auch sitzt. Ist das nicht ein praktischer Beleg für den großen Werth des Particularismus?! Wir richten diese Frage namentlich an den „politischen Einsiedler" in Constanz! —

Bei Einführung dieses Strafgesetzbuches hat die badische Regierung wohlbesorgt an ihre Beamten gedacht und einen Ausnahmeparagraphen durchgebracht, unter großem Mannesmuth einzelner liberalen Abgeordneten, damit nicht so ohne weiters der gemeine Mann einen Staatsdiener vor Gericht ziehen könne;

Darum hat sich aber Niemand gekümmert, anständigen Leuten, die keine gemeinen Verbrecher sind, ein vernünftiges Quartier zu geben.

Da haben die allezeit praktischeren Schwaben wieder den gescheidtesten Streich gemacht und beschlossen, in jedem Amtsgefängnisse ein Zimmer herzurichten für gebildete, nicht mit gemeinen Verbrechen behaftete Sträflinge.

Daß man bei Abfassung und Berathung des Reichs=Strafgesetzbuches überhaupt nicht an derartige Rücksichten gedacht hat, erklärte dieser Tage ein „närrischer Freund" von mir dahin: er glaube, es käme daher, weil in unseren Tagen die meisten Verbrecher gebildeten Standes der ultramontanen Partei angehörten, und für die sei jedes „Loch" gut genug. Wir sind natürlich weit entfernt, dieses auch zu glauben, da wir ja täglich hören und lesen können, daß in unseren Tagen die große Parole lautet: „Gleiches Recht für Alle!" — —

Der Gefangenwärter, ein großer, starker Mann, an Länge aber von mir überragt, nahm den seltenen Gast, den das deutsche Strafgesetzbuch ihm zugeführt, auf's Freundlichste auf. Wie es sich herausstellte, stammt der Mann aus dem Kinzigthale, ist somit ein Landsmann von mir.

Freund Werber und seine geschäftige Schwester haben meine Zelle so gut als möglich mit den nöthigen Utensilien versehen und so kann ich denn mein Gefangenenleben beginnen. Wie ich's durchlebt und was ich in diesen Tagen gedacht habe, soll dem Drucke übergeben werden, nicht als ob es etwas besonders Merkwürdiges wäre, sondern weil die freundlichen Leser mir auf diesem nicht mehr ungewöhnlichen Wege einen Theil meiner Prozeßkosten zahlen sollen. Zwar hat der Arzt mir bei meinem seit Monaten angegriffenen Nervensystem nicht nur Schreiben und Lesen, sondern selbst das Denken untersagt. Letzteres soll zwar eine sehr zeitgemäße, liberale und wohlfeile Beschäftigung sein; aber ich habe es bisjetzt noch nicht fertig gebracht. Sollte jedoch dem Leser in den folgenden Zeilen Manches „gedankenlos" vorkommen, so bitte ich es auf Rechnung des Receptes meines

Arztes zu schreiben. Erleichtert wird mir und meinem kranken Kopfe die Sache dadurch, daß Werber, so oft er mich besuchen darf, so freundlich sein wird, mir zeitweilig den Secretär zu machen.

So wäre denn Alles auf's Beste bestellt, und nun zum ersten Male gute Nacht!

Am 2. August 1873.

Die erste Nacht in der Zelle wird mir noch lange gedenken. Kaum hatte ich mein Licht gelöscht, als Blitz auf Blitz das Gefängniß erleuchtete und ein gewaltiges Gewitter losbrach. Da meine Zelle unmittelbar unter dem Dache ist, schlug der Regen so hörbar auf das Schieferdach, daß dadurch das Unheimliche der Lage noch vergrößert wurde. Selbst die Gefangenen oder richtiger gesagt, die Collegen unter mir, wurden unruhig und ich sprach mir bei diesem „Wetter, Sturm und Graus" Muth ein, indem ich mir sagte: „Es geschieht dir recht; warum hast du badische Beamte verunehrt? Darum sollst du auch die Schrecken einer Gewitternacht in einer Gefängnißzelle durchleben!" Doch mein besseres Ich rief sofort: „Du hast aber das nicht gethan, du bist unschuldig." Und abermal sank der Muth — da brachte mir Trost die Erinnerung, am Tage gesehen zu haben, daß ein neuer Blitzableiter die Zinnen des Gefängnisses krönt. Wir loben diese Vorsicht um so mehr, weil daraus hervorgeht, daß der Staat noch besorgt ist für das Leben der gefangenen Spitzbuben, Ultramontanen und des „übrigen Gesindels," wie dieser Tage ein Preuße sich ausdrückte.

Erst lange nach Mitternacht schlief ich ein.

Der Morgen kam; es scheuchten seine Tritte
Den leisen Schlaf, der mich gelind umfing.

Doch es waren nicht die Tritte des Morgens, sondern die Klausmann's — das ist der ominöse Name des Gefangenwärters, Mann der Klause — der unter der Thüre stund und mit den Worten: „Guten Morgen, wie haben Sie geschlafen?" nach meinem Befinden sich erkundigte. Leider fiel meine erste Meldung sehr schlecht aus.

Da mir gestattet wurde, im Hofraume mich zu ergehen, so suchte ich denselben zeitig auf und ward so aus dem Zellengefangenen ein „Hofgefangener". Ich lernte hier alsbald einen Collegen kennen, der mit Holzmachen beschäftigt war. Nach dem Sprichwort: „Malorum socios habere juvat"[1]) machte ich gleich seine Bekanntschaft. Es war der „Küttebauer" am Fuße der Küßaburg im Klettgau; sein Hof ein ehemaliges Lehen der in diesem Gaue reich begüterten und zeitweilig auf der genannten Burg hausenden Grafen von Sulz. Der Bauer ist ein Doppelcollege von mir, da er wegen des gleichen Vergehens die gleiche Strafe büßt; er hatte nämlich die Beamten des Kreisgerichtes Waldshut in beschimpfender Weise ehrengekränkt. Der Mann scheint in der That auch ein böses Maul zu haben, indem er jetzt noch sehr freigiebig mit Spitzbuben und Hallunken um sich wirft. Sehr schlecht ist er namentlich auf die Liberalen zu sprechen, die er mit dem Titel „Vorschußpartei", eine Travestie von Fortschrittspartei belegt, die „nichts glaube und die Leute für einen Narren habe." Uebrigens gehört er auch nicht zu den Ultramontanen, da er nach seinem eigenen Geständniß zwar „sehr viel betet, aber nie in die Kirche geht"; als Grund gibt er an, daß, wenn er in die Kirche komme und er einen von der „Vorschußpartei", die ihn am meisten verfolge, darin erblicke, es ihm unmöglich sei zu beten. Er scheint überhaupt im politischen und religiösen Leben eine eigene Fraction zu bilden; es dürfte sich aber auch keine Partei auf diese Acquisition was einbilden; er trinkt, wie er selbst sagt, für sein Leben gern den Hepfen (Hefen) = Schnaps und zwar verträgt er bis zu einer Maas täglich. Als er hier vor das „Schöpfengericht," wie er sich ausdrückt, geladen war, um abgeurtheilt zu werden, mußte dasselbe zwei Mal unverrichteter Sache aufgehoben werden, da er bis zur Unzurechnungsfähigkeit sich voll getrunken hatte. Das dritte Mal setzte man ihn zwei Tage vorher ein, um ihn nüchtern zu bekommen. „In meiner Jugend,"

---

1) Gefährten zu haben in übler Lage ist angenehm.

sagt er öfters, „habe ich gearbeitet, daß ich im Alter trinken kann;" deßhalb ist zur Zeit seine größte Klage Ueberfluß an Durst. In politischer Beziehung hat er übrigens in seinem jetzigen, sehr nüchternen Zustande ziemlich helle Blicke; so meint er, „die Vorschußpartei sei dem Volke nur zum Schaden;" „jetzt seien die Herren Meister, der gemeine Mann dürfe nicht mehr viel sagen;" „auch mit den Beamten sei nicht mehr so gut auszukommen, seit die Vorschußpartei am Ruder sei;" „die Schöpsen gehörten meist der Vorschußpartei an" u. s. w.

Auf dem Felde der größeren Politik ist er der Ansicht, daß Napoleon selbst Schuld sei an seinem Unglücke; er hätte anno 1866 und nicht anno 1870 seine Völker ausmarschiren lassen sollen.

Das ist in kurzen Zügen mein Collega „Rüttebauer," und wollte ich daran nur zeigen, mit welch' interessanten Persön=lichkeiten unsereinen das deutsche Strafgesetzbuch zusammenführt.

Am Nachmittag, wo die Hitze unter dem Schieferdach an die Bleidächer von Venedig erinnert, stieg ich abermals in den Hof herab, und, da Schreiben und Lesen meinem Gehirn wehe=thut, unterstützte ich meinen Collegen vom Vormittag am Holzmachen. Während ich mit dieser Züchtlingsarbeit in höchst pfuschermäßiger Weise beschäftigt war, öffnete sich der Zwinger und eintraten zwei andere Collegen, die Abgeordneten Marbe und Förderer, beide auf einer Schweizerreise begriffen, um mich zu besuchen und mir durch ihre verlockenden Reiseziele um so mehr fühlen zu lassen, was es heißt, ein freier Mann zu sein. Namentlich benützte der parochus jovialis aus der Ortenau die Gelegenheit, mir in seiner, nur ihm geläufigen, humoristischen Art, Vorlesungen zu halten über des Bürgers erste Pflicht: „die Ruhe und die Klugheit, sich nicht erwischen zu lassen." Und in der That kann ich, namentlich was die letztere Eigen=schaft anbetrifft, ihn als Vorbild in unserer politisch so gefährlichen Zeit nur bestens empfehlen. Obwohl Geistlicher, Volksredner und Redacteur eines katholischen Blattes, ist der Stadtpfarrer Förderer von Lahr noch nie in den Räumen eines badischen Gefängnisses gesessen, so wenig als unser beiderseitiger Freund, der Reichstagsabgeordnete und Decan Xaver Lender in Sasbach. Ich gönne beiden Herren von Herzen, daß es ihnen seit Jahren so gut gelungen, die rechte Mitte zu finden zwischen Strafgesetzbuch und Redefreiheit, zwischen Sasbach beziehungsweise Lahr und Rastatt; aber diese „Kunst ist nicht Jedermanns Sache", um ein Wort Reichenspergers zu verdrehen. Um so weniger aber sollte man den, der kein solcher Redekünstler ist, noch zum Besten haben. „Wer den Schaden hat, darf für den Spott nicht sorgen," ist ein altes Wort.

Als ich vor drei Jahren die Festung verließ, sagte mir beim Abschied ein liberaler Rastatter Bekannter: „Gehen Sie von nun an mit dem großen Haufen, sonst werden Sie noch mehr als einmal eingesperrt!" Der Mann gab mir da eine sehr praktische Lehre, die allerdings mancher befolgt, die ich aber nie zu Herzen nehmen werde, so lange der große Haufe vom jetzigen Liberalismus gebildet wird. Und weil ich eigensinnig jenes Philisters hasenfüßige Regel nicht beachtet habe, ging richtig auch sein Nachwort in Erfüllung und ich bin schon wieder im Käfig. Aber den Gefallen thue ich weder den Philistern, noch den Liberalen, noch den im Stillen die Hände reibenden Freunden — ich ärgere und kräme mich nicht. Der ganze, jahrlange Proceß hat mir bis heute noch nicht eine trübe Sekunde gemacht. Ich besitze durch die vieljährige Praxis in den verschiedenen Chicanen und liberalen Liebenswürdigkeiten unserer Zeit einen wahren „Galgenhumor", der weder durch Sauhirten und deren Angriffe, noch durch Denunciationen, noch durch Kerker und Banden geschwächt wird.

So fühle ich mich als freien Mann, selbst im Gefängnisse, erhaben über all' die Armseligkeiten, mit denen die Ultramontanen wirklich heimgesucht werden, eingedenk der Worte des römischen Dichters:

Quisnam igitur liber? Sapiens sibique imperiosus,
Quum neque pauperies, neque mors, neque vincula terrent[1]).

---

1) Wer ist ein freier Mann? Der verständig, sich selbst zu beherrschen weiß, und den weder Armuth, noch Tod, noch Ketten zu erschrecken im Stande sind.

Und ich sehe diese Dinge an, als Mittel der Läuterung von den Schlacken des Welt- und Zeitgeistes, wie vor acht Jahrhunderten schon Herimann, der Lahme, auf der mir und meinem Gefängnisse so nahe gelegenen Insel Reichenau, gesungen hat:

"Vis, pressura, cruces, tormenta, pericula, mortes,
Praemia promeritas purificant animas 1)."

So fanden denn selbst die vorgenannten Touristen, die ähnlich den Freunden des Dulder's Job, mich zu trösten gekommen waren, daß ich nichts weniger als niedergeschlagen, sondern voll heitern Muthes war.

Marbe ist einer der wenigen jungen Rechtsanwälte Deutschlands, die mit Glaubensmuth und Entschiedenheit für die Sache der Kirche einstehen. Er ist der beste Mensch, nur will er immer Recht haben, wobei dann allerdings das "gut sein" keine Kunst ist; welche Eigenschaft aber von seinem Beruf herkommen mag. Namentlich ist er mir gegenüber sehr streitsüchtig und kampfhahnig, um so mehr, als auch ich einen immer Recht haben wollenden Advocaten abgegeben hätte. Doch ging's dießmal ziemlich friedlich ab, und erst nach mehrstündigem Besuch verließen mich die beiden "Spottvögel", um nach meinem Hagnau zu gehen, wo Marbe's Bruder meine Stelle versieht.

Als sie fort waren, verfügte ich mich wieder zu meinem Collegen "Rüttebauer", und als der vernahm, daß einer der Herren ein Advocat gewesen, fing er weiblich auf diese zu schimpfen an, da die meisten bei der "Vorschußpartei" seien und schon anno 1848 die Leute in's Elend geführt, ihm selbst aber schon Hunderte von Gulden abgenommen und alle Processe verloren hätten. Daß es auch gut katholische, gläubige Advokaten gebe, wollte er durchaus nicht glauben. "Sind alle gleich, 's glaubt keiner nüt!" war und blieb sein steter Refrain. —

---

1) Gewalt, Zwang, Leiden aller Art, Quälereien, Gefahren, Todesnoth läutern, als Lohn, Seelen, die es verdienen und bedürfen.

Heute feiert die katholische Kirche im deutschen Reiche das Fest des heil. Alfons von Liguori, während seine Söhne den Wanderstab ergreifen und ihre Heimstätten in deutschen Landen verlassen müssen. Es geht doch in der That wunderlich her in diesem neuen Reiche der Gottesfurcht; die einen Ultramontanen, wie die Jesuiten und Ligorianer, weist man aus ihren Häusern aus und anderen, wie z. B. mir, weist man zu gleicher Zeit Wohnungen im Reiche an, wiewohl man doch, was die Gefährlichkeit betrifft, unsereinen verjagen sollte.

Doch „malen wir den T—f—l nicht an die Wand," wer weiß, was noch kömmt. Die Liberalen brüllen ja schon lange in Bier= und Wirthshäusern: „die Pfaffen müssen noch alle zum Lande hinaus!" Wenn man dann nur erst auch gleich die Kirchhöfe und das Sterben abschaffen könnte, dann wäre es recht fidel! —

Am 3. August.

Es ist heute Sonntag, unweit vom Gefängnisse rufen die Glocken zum Gottesdienst, doch mir ist bis jetzt nicht gestattet, die heilige Messe zu lesen; ich werde aber den Versuch machen, diese Erlaubniß an Sonntagen zu erhalten. Doch kann dies nur vom Hofgericht Constanz geschehen, welchem eine derartige juristische Entscheidung wohl noch nie vorgelegt worden ist.

Ich sitze unten im Hofe und schreibe diese Zeilen; über mir höre ich den Rüttebauer in seiner Zelle langsam und mit dem kräftigen Accent des Klettgauers aus einem Gebetbuche beten, während nebenan ein mir unbekannter „College" singt, aber in Choralmelodie, also wohl auch ein frommes Lied. „Es ist der Tag des Herrn," wir sind alle drei „allein", wenn auch nicht „auf weiter Flur", aber das Glöcklein tönt herüber und ladet zum Beten ein.

Auch ich nehme mein Brevier zur Hand. Es ist das Officium „Inventio Stephani." Der heil. Stephanus ist ein hellleuchtendes Vorbild für Alle, welche die Welt haßt und verfolgt, um der Wahrheit willen, die sie verkünden, und ein blutiger Beweis, wie die Menschen zu allen Zeiten, nichts unlieber ge=

hört haben, als die Wahrheit. Deßwegen „toben", wie es in der I. Nocturn des heutigen Festes heißt, „die Neuheiden unserer Tage so sehr und sinnen auf Eitles," weil sie die Wahrheit hassen, welche die Kirche verkündet und weil namentlich die letzte vaticanische Entscheidung ihren Lügengeist so tödtlich verwundet hat. Darum rufen sie, wie es im Psalme weiter heißt: „Dirumpamus vincula eorum et projiciamus a nobis jugum ipsorum;" sie wollen abschütteln das (römische) Joch und brechen die Fesseln, aber „der im Himmel wohnt, wird ihrer spotten;" tragen müssen sie das Schifflein Petri mit all seiner Wahrheit, und wenn die Wogen ihres Grimmes noch so mächtig aufschlagen. Und der große Dulder im Vatican kann ihnen zurufen mit dem folgenden Psalmverse: „Ego constitutus sum rex ab eo super Sion, montem sanctum ejus, praedicans praeceptum ejus — „gesetzt bin ich von ihm zum König über Sion, seinen heiligen Fels, um zu verkünden sein Gebot." — Ich muß sagen, diese wenigen Worte des zweiten Psalmes haben mit neuer Zuversicht mich erfüllt für die streitende Kirche Gottes und mir den erneuten Vorsatz in's Herz gegeben, treu und fest in allen Kämpfen unserer Zeit auf Seite meiner Kirche zu stehen und lieber gehaßt und verfolgt, als von den Feinden der Sache Gottes geehrt und gelobt zu werden. Es hat an und für sich schon etwas Verlockendes und den Muth des Mannes Herausforderndes auf der Schlachtlinie zu kämpfen, wo nur wenige fest entschlossen stehen, als leichten Fußes mit der obherrschenden Menge zu traben. Mit dem Strome zu schwimmen, verlangt keinen Muth, wohl aber zeigt Kraft der, welcher gegen die Strömung ankämpft, um nicht von ihr bis zum Abgrund und zur Untiefe fortgerissen zu werden.

Und dann liegt ja unendlich viel der Begeisterung darin, für eine Sache zu kämpfen, die stets, wenn auch nach langem Ringen, gesiegt und all' ihre Feinde überdauert hat. Sagt ja selbst Göthe:

> Dauert nichts so lang in den Landen,
> Als das: Christ ist erstanden.

Ebenso lange dauert und wird dauern des Auferstandenen Kirche. —

Als Rüttebauers Gebet und der Gesang seines Nachbars in der Sonntagsstille des Gefängnisses verstummt waren, lauschte ich einem Gespräche Beider. Der Unbekannte klagte, daß er schon 142 Tage in Untersuchungshaft sitze. Ich kenne die Ursache bis jetzt nicht; aber objectiv angesehen, erscheint mir das als etwas Furchtbares, selbst für den größten Verbrecher, so lange Monate in der kleinen Zelle eingeschlossen zu sein.

Aus der Zwierede mit meinem Klettgauer Collegen entnahm ich, daß der Untersuchungsgefangene ehemals der „Vorschußpartei" angehört haben muß; er erzählte nämlich, seither habe er über die Geistlichen gescholten, jetzt schelte er über die Herren. Noch besser war die folgende Aeußerung, die er von Zelle zu Zelle seinem Nachbar zurief: „Früher hat man die Leute am Narrenseil herumgeführt, jetzt führt man sie am Lügenseil herum. Die meisten Leute brauchen aber gar kein Seil, sie laufen von selber nach."

Natürlich war der Rüttebauer ganz damit einverstanden; er aber meinte, man sollte einmal die einsperren, die nichts als essen und trinken und glauben, wenn ihr dicker Bauch todt sei, sei Alles fertig.

Es ist in der That merkwürdig, auf welch' gute Gedanken die Leute oft im Gefängnisse kommen; namentlich hat der fremde Collège durch sein „Lügenseil" und seine lange Haft meine Sympathie erworben. Die Hauptwaffe des Liberalismus, das Seil, an dem er Tausende gängelt, ist die Lüge, und andere Tausende laufen ihm von selbst nach, froh mitthun zu dürfen und für liberal zu gelten. Eine Großmacht unserer Zeit ist die Lüge geworden, die Lüge auf allen Gebieten des Lebens; in der Wissenschaft, wie in der Kunst, in den Moden, wie in den Schwindeln mannigfaltigster Art in allen Zweigen der Industrie. Von den Lügen unserer Tagespresse und unserer Geschichtsbaumeister, von den Gemälden eines Kaulbach und Lessing, vom Gründungsschwindel und Industrierittertum bis hinab zum falschen Zopf und zum eingesetzten Zahn herrscht überall der gleiche Geist, hier im Kleinen, dort im Großen.

Ja Lüge und Geld, die regieren unsere Welt. Man lügt um des Geldes willen und man gibt Geld um der Lüge willen. Um Geld wird in allen Tonarten gelogen und werden die größten Lügen geschrieben und gedruckt; und um Geld zu erobern, wird andererseits keine Lüge, kein Schwindel gescheut.

> Der Thaler klirrt, der Thaler fällt,
> Was ist der Mensch? Ein Schuft!
> Und wenn die Welt dir nicht gefällt,
> So steig in deine Gruft!
>
> Der Teufel siegt, der Gott verliert,
> Der blanke Thaler reist:
> So ward von je die Welt regiert,
> So lang' die Sonne kreist.

Doch mit den letzten Versen des Dichters sind wir nicht ganz einverstanden. Es ist wahr, zu allen Zeiten hat Geld die Welt regiert, aber zu keiner noch hat man officiell Geld ausgegeben zu Zwecken, wie eben jetzt, wenigstens nicht in Deutschland! —

Am 5. August.

Gestern war der Großherzogl. Bauinspector aus Constanz hier und maß in der Nähe meiner Zelle die Dicke der Eisengitter ab. Der gute Mann wird doch nicht untersucht haben, ob die Eisenstäbe nicht zu schwach seien, damit ich staatsgefährliches Individuum nicht durchbrenne. Denn wohin sollte ich „Vaterlandsloser" fliehen? — Ich müßte ja, weil ohne Vaterland, umherirren wie der ewige Jude oder das Volk der Zigeuner. Und da ich dies nicht will, so bleibe ich gerne in der Gefängnißzelle meines Vaterlandes und nähre mich redlich mit Brochürenschreiben. Lieber noch ein Vaterland haben und eingesperrt sein, als vaterlandslos, aber frei, in der Welt umherziehen. Da sage mir einmal einer, daß ich mein Vaterland nicht liebe!

Die Liberalen nennen uns nur deßhalb vaterlandslos, weil sie

uns gerne draußen hätten, um ruhig nach ihrer Schablone leben und sterben zu können, aber den Gefallen thun wir ihnen nicht und schließen uns deßhalb nur um so inniger an, an's Vater=
land „an's theure":

> Lieb Vaterland magst ruhig sein,
> Die Ultra's bleiben gerne d'rein.

Wir werden nur der Hauptwaffe des Liberalismus im „Geisterkampfe" weichen, der Gewalt. Und wenn dies geschehen sollte und man uns alle, den Jesuiten gleich, zum Lande hinaus=
triebe, so werden wir ruhig die mit Sturmeseile hereinbrechende Hochfluth abwarten, die den Herrn von Liberalismus weg-
schwemmt von dem Verdeck seines Narrenschiffes, und dann zu=
rückkommen sammt allen Jesuiten, nach dem prophetischen Spruche eines Jesuitengenerals:

> Wie Hunde hat man uns verjagt,
> Wie Adler werden wir zurückkehren.

Eine solche Zuversicht und solcher Gleichmuth muß doch die Liberalen ungemein verdrießen!

Vor fünfundzwanzig Jahren verließ Friedrich Hecker flüch=
tig die deutsche Heimath; Hunderte Geächteter folgten ihm nach — und heute zieht er als Redner wieder durch das gleiche ba-
dische Ländchen, das er als zum Tode Verurtheilter geflohen, und ungestört jauchzen die Seinen ihm Beifall. Viele seiner Genossen sind schon vor ihm heimgekehrt und als „Patrioten" in der deutschen Erde begraben worden. So ändern sich die Zeiten, und so werden auch die Jesuiten wiederkommen und predigen und beichthören und Missionen halten, wie ehedem. Andrassy und Ziemalkowsky einst zum Tode verurtheilt, sitzen heute auf Ministerstühlen. Was wird später aus uns, jetzt ge=
fangenen, Ultramontanen werden? —

Eben wollte ich mich in allerlei Conjecturen einlassen, was man allerlei noch aus unsereinem machen könnte zum Lohne für jetzige Verurtheilungen, als die Gefängnißthore sich öffneten und ein Gendarm einen jungen Menschen an mir vorbei transpor-
tirte. Ich erkannte ihn sofort — es war ein ehemaliger Schü-
ler von mir.

Eine Tochter des Gefangenwärters bestätigte mir dies alsbald und erzählte, der neu eingeführte College sei schon vor mir da gewesen und heute nur zur Militärassentirung nach Constanz und zurück escortirt worden; auch er habe mich erkannt und gebeten, es mir nicht zu sagen, da ich sonst über ihn würde ungehalten werden. Als ihm aber das Mädchen ganz naiv erwiederte: „Ja, der Herr Pfarrer ist auch eingesperrt" — da war es dem Rekruten wieder wohler um's Herz. Er ist wegen Majestätsbeleidigung in Untersuchungshaft, und bewohnt die Zelle gerade unter mir[1]). Lehrer und Schüler im gleichen Gefängniß, da kann man sehen, was die Ultramontanen für Leute erziehen, denn, daß der junge Mensch schon so weit gekommen, daran ist offenbar Niemand schuldig, als der jesuitische Unterricht, den er genossen hat!

Mag dem sein, wie ihm wolle, so viel ist gewiß, interessant ist das Zusammentreffen von Lehrer und Schüler in diesen Hallen jedenfalls, und wenn ich mir nicht sagen könnte, unschuldig zu sein, so würde ich mir Vorwürfe machen, dem Jungen ein solches Beispiel geben zu müssen. Aber gerade um derartiger Vorkommnisse willen, hätte man die Festungshaft beibehalten sollen, da es einen ganz eigenthümlichen Eindruck auf Leute gewöhnlichen Standes macht, wenn sie Gebildete, namentlich Geistliche, die keine Verbrecher sind, mit sich zusammengesperrt sehen, und es hat dies vielfach nicht ganz unbedenkliche Folgen. Der Satz: „Gleiches Recht für Alle," so schön er an und für sich lautet, hat doch von Unten nach Oben angesehen ganz eigenthümliche Consequenzen.

Am 6. August.

Vor zehn Jahren an diesem Tage empfing ich aus den Händen des verewigten Erzbischofs, Hermann von Vicari, die heilige Priesterweihe. Als wir Neupriester nach geschehener Consecration dem 90jährigen Greise vorgestellt wurden, ermahnte er uns, in der Kraft des nun empfangenen heiligen Geistes, auszuharren und zu wirken für die Ehre Gottes und das Heil

---

1) Wurde indessen vom Schwurgerichte freigesprochen.

der uns anvertrauten Seelen. Es würden schwere Kämpfe kommen, die er, dem Grabe nahe, nicht mehr erleben, in deren Mitte aber wir stehen würden; wir sollten deßhalb, wie wir heute ihm gelobt, unerschütterlich treu bleiben auf Seite unserer Kirche und ihrer Oberhirten. Thränenden Auges verließen wir den geliebten Bischof und Vater; meine Mitbrüder zogen freudig hinaus in die Seelsorge, während ich an den Studirtisch mich setzte und Latein und Griechisch, Grammatik und Exegese, Sophocles und Aeschylus, Horaz und Pindar, Thucydides und Tacitus, Katull und Tibull, kurz Alles las und studirte, was Rom und Athen den deutschen Schulmeistern mit Hilfe der finstern Klöster hinterlassen, mit einem Eifer, als ob das Heil der Welt davon abhinge. Welch' armselige und prosaische Arbeit für einen Neupriester!

Doch es war so auch der Wunsch meiner kirchlichen Vorgesetzten, die da glaubten, in einer Zeit, wo man den Einfluß der Geistlichen aus den Mittelschulen und Volksschulen zu entfernen suchte, müsse man sich erst recht festsetzen durch das seit vielen Jahren von Clerikern unterlassene Staatsexamen. Die Zeit des Examens kam, es glückte, und ich war nun geprüfter Philolog, patentirter lateinischer Schulmeister.

Nahezu sechs Jahre war ich nun im Dienste, durfte ein Jahr in Donaueschingen die Knaben „mensa" decliniren lehren und die übrige Zeit die Stelle eines Vorstandes an der höheren Bürgerschule in Waldshut verwalten. Der Oberschulrath in Karlsruhe war stets mit meinen Leistungen zufrieden und ich war bereits nahe daran, meine definitive Anstellung als „Professor" und Staatsdiener zu erhalten, als die gütige Vorsehung mich losmachte aus dieser für einen katholischen Priester fast unhaltbaren Zwitterstellung.

Eine Reiseerinnerung, die 1868 in der „katholischen Welt" von mir erschien und in einem katholischen Blatte Badens Abdruck fand, brachte mir die erste Untersuchung von Seite des Herrn Ministers Jolly. Es waren in gedachter Erzählung Angriffe auf das „liberale Maſtbürgerthum", die in Karlsruhe unangenehm berührt haben mochten. Die Folge war Versetzung vom ersten Lehrer der Anstalt zum letzten, was ich nicht acceptirte und auch jede sonstige Verwendung beziehungsweise Maßregelung ablehnte.

Einige Wochen später besprach ich auf einer Volksversammlung die Acte der badischen Regierung gegen die katholische Kirche des Landes; die Rede erschien im Druck, der Redner aber vor Gericht. Ehe dieses sein Urtheil abgegeben, ward ich vom Ministerium des Innern aus der Liste der academisch gebildeten Lehrer gestrichen — und zum Abschluß noch zu vier Wochen Festung verurtheilt.

Jetzt trat ich in die Seelsorge, für die der Herr mich hat weihen lassen, und in der ich Vieles, Vieles wiederfand, was der Schulmeister bereits abgeschliffen hatte.

Und wenn ich drum heute zurückblicke auf das abgelaufene Decennium, so sage ich, trotz der vielen Stürme und Verfolgungen, die ich seitdem mitzumachen hatte, trotzdem der heutige Erinnerungstag mich im Gefängnisse grüßt, doch aus vollstem, dankbarstem Herzen: Deo gratias! Gott sei Dank, daß er mich in den großen Kämpfen unserer Tage treu und fest gemacht und auf die Seite meiner heiligen Mutter, der Kirche gestellt hat und dazu stets reichliche Gnade verliehen, ungebeugten, heiteren Muthes zu kämpfen und zu dulden! Deo gratias!

Vor einiger Zeit begegnete ich irgendwo einem geistlichen Professor, der sonst der beste und gutmüthigste Mensch der Welt bei vielem Wissen ist, allein, was hat die Schulmeisterei äußerlich aus ihm gemacht? Kurzes, elegantes Röckchen, braune Glacé's, Vatermörder, englischen Cylinder und Backenbärtchen. Ich stund mit meinem großen Schlapphut neben ihm, wie ein Farmer aus einer der abgelegensten Prairien des Westens, neben einem Commis voyageur, der eben dem Atelier eines Pariser Tailleur's entschlüpft ist. „Gott, wie froh bin ich, dachte ich bei mir, daß ich nicht so herumlaufe — und so liefst du wahrscheinlich auch, den Cicero unter dem Arm, durch die Straßen einer Stadt, wenn du Professor geworden wärest."

Zehn Jahre sind im und aus dem Leben eines Menschen ein gewaltig ernstes Stück! Der Knabe wird zum Jüngling, der Jüngling zum Mann, der Mann aber zum Greisen. Und wie anders schaut Jeder nach seiner Zeit die Welt an und seine Vergangenheit: der Jüngling die Spiele des Knabenalters, der Mann die Wünsche und Hoffnungen seiner Jugend und der sinkende Greis die Thaten seiner Manneszeit?

Welchen Umschwung nimmt der sich geistig weiterbildende Mensch in seinen Anschauungen und in der Verarbeitung des in sich Aufgenommenen? Wie armselig kömmt einem nach zehn Jahren vor, was man ehedem gewußt und gedacht, gefühlt und gewollt hat? So erscheint uns die eigene Vergangenheit immer klein und armselig in der Gegenwart, bis wir am Ende des Lebens erst recht zur Erkenntniß kommen, wie nichtig all unser irdisches Leben und Streben war, und wie wir ohne die überirdische Bestimmung und ihre ewige Verheißungen nur Nebelwolken glichen, die in Sturmeseile vorüberziehen. Wie richtig hat nicht schon der denkende Heide das gefühlt, und Seneca es in den Worten niedergelegt: „O quam contempta res est homo, nisi supra humana se erexerit[1])!"

Heute bin ich allein, mein zeitweiliger Secretär ist verreist, und da man die Abwesenheit des Nächsten gerne benützt, um über ihn zu reden, so will auch ich es thun.

Unter den jüngeren Geistlichen der Erzdiöcese Freiburg hat sich in kurzer Zeit der Redacteur der „Freien Stimme vom See und Hegau" einen wohlverdienten Namen erworben als gewandter Publicist, wie als unermüdlicher Volksredner. Er hat sein Blatt nahezu auf das Doppelte der früheren Abonnentenzahl gebracht und was das heißt, wird man zu schätzen wissen, wenn ich sage, daß die „Freie Stimme" in der vom Liberalismus unterwühltesten Gegend des Landes nahezu 4000 Abonnenten hat, eine Zahl, die keines der katholischen Blätter des Landes aufweisen kann.

---

1) O, was für ein verächtlich Ding ist der Mensch, wenn er sich nicht über das Menschliche erhebt!

Und das hat einerseits die geschickte, schlagfertige und unterhaltende Art der Redaction bewirkt, andererseits die alles Lob verdienende Thätigkeit Werber's und seiner Freunde, Edelmann und Schachleiter, auf dem Gebiete der unmittelbaren Belehrung des Volkes, durch Versammlungen.

Wer den gewaltig, bis zur vollständigen Abrundung dicken Herrn mit seinen klugen, wohlwollenden Augen sieht, dächte eher an eine „Falstaff=Natur", als an einen unerschrockenen und sehr thätigen Journalisten, der mit seinem Blatte einem größeren und vier kleineren liberalen Hetzern auf dem gleichen Felde gegenüber steht, nach jeder Seite hin wuchtige Hiebe austheilt und dabei an Abonnenten den Fünfen zusammen die Wage hält.

Dieser kleine Denkstein in meinen Gefängnißgedanken soll ihm aber verborgen bleiben, bis er ihn gedruckt liest.

Am 7. August.

Mit Freunden in Gesellschaft heitere Stunden verbringen und „den Becher kreisen" lassen, ist eine Beschäftigung, der jeder gerne manche Stunden opfert; aber einen Freund begrüßen im Gefängniß, wo der Wasserkrug die Zelle ziert und das Tageslicht von Oben hereinschaut, das sucht nicht jeder von Weitem auf. Und wenn dieses gestern Nachmittag der Präsident der in Friedrichshafen geistlich und weltlich zu manch' vergnügter Stunde vereinigenden Gesellschaft „Proxima", der Pfarrer Sambeth von Ailingen, im Königreich Württemberg, und mein Nachbarspfarrer Schrof, von Kippenhausen, trotz einer hundstäglichen Hitze, weiten Weges und theilweise zu Fuß, gethan haben, so verdienen sie es auch, daß ich sie hier als „Musterfreunde" vorführe. Sie waren in freien Tagen, bei „Bier und Gesang" so oft meine „Gefährten" und jetzt wollten sie es „auch im Unglück wieder sein." Zwar bin ich fest überzeugt, daß auch manch' anderer Freund aus jenen heiteren Stunden der „feria secunda" noch kommen wird, um zu sehen, wo und wie die badische Gerechtigkeit mich aufgehoben hat; aber weil jene Bei=

den die ersten waren, kann ich ihnen eine besondere Anerkennung nicht versagen. Freund Schrof ist zudem ein kranker Mann, dem sein Werk der Barmherzigkeit deßhalb um so höher angeschlagen werden muß. Doch ich bin auch schon gar manchen Tag bei Sturm und Wetter zu ihm hinausgegangen und habe mich ergötzt an seiner Anecdotensammlung, von denen die schönste ihm selbst passirt ist und die es verdient, einem weitern Leserkreis vorgeführt zu werden:

Vor zehn und etlichen Jahren wurde der Vicar Schrof als Pfarrverweser auf eine entlegene, neu errichtete Pfarrei des Schwarzwaldes versetzt. Es war seit der Reformation, wo der damalige Pfarrer von den revoltirenden Bauern mit einer Fahnenstange erschlagen worden, kein Seelsorger mehr im Dorfe und dasselbe als Filiale einer benachbarten größeren Pfarrei zugetheilt gewesen. Jetzt hatten die Bauern wieder die Creirung einer eigenen Pfarrpfründe erwirkt, und unser Schrof war bestimmt, als der erste Pfarrcurat einzuziehen. Freudig ging ihm die Gemeinde bis an das Weichbild ihrer Gemarkung entgegen, und als der lang Ersehnte endlich genaht, nahm der Dorfschulz das Wort und sprach in gehobener Stimmung: „An der Grenze des neu errichteten Pfarrverwesers begrüßen wir Sie, nachdem wir dreihundert Jahre auf Sie gewartet!" Sprach's und reichte ihm die kräftige Rechte zum Willkomm. Einen Beleg aber für die Geistesfassung des also Gegrüßten ist der, daß er ohne lachen zu müssen, Worte der Erwiederung fand auf diese urkomische Ansprache; und einzog der „Neuerrichtete" unter Glockenton in die sehnsucht-gestillte Gemeinde. —

Im Verlaufe dieses Morgens beschäftigte ich mich einige Zeit damit, die Namen und Inschriften meiner Vorgänger an den Wänden und an der Thüre meiner Zelle zu entziffern. Lauter „ehrliche Leute", Handwerksbursche, Kesselflicker, Diebe, Betrüger, Juden und Christen waren vor mir da und alle, wie der Bericht meldete, natürlich unschuldig. Ein Schuhmachergeselle schrieb die für jeden Gefangenen beachtenswerthen Worte an die Thüre:

Vieles wissen, wenig sagen,
Seine Noth nicht jedem klagen,
Vieles hören, wenig antworten,
Behutsam sein an allen Orten,
Sich in Glück und Unglück schicken
Gehört zu den größten Meisterstücken.

Und weiter unten in Prosa: „Die Tugend geht betteln, der Credit ist närrisch geworden, das Gewissen hängt an der Wand."

Hier logirten dieses Frühjahr auch zwei Hofmetzger, von jener Betrügerbande, die auf die verschiedensten Arten Bauern ihre Güter abschwindelte, und welche jetzt wohlversorgt im Zuchthause sitzt. Unter ihren Namen setzten sie die Worte: „Wir saßen hier 157 Tage gesund und fröhlich. Gott segne unsere Nachfolger." Ein sauberer Segen, der da auf mich überging, denn ich soll der erste nach ihnen sein!

Gesund und fröhlich sein bei 157 Tagen Untersuchungshaft, dazu gehört entweder ein Heiliger oder ein großer Hallunke.

„Drei Wochen Arrest! Wer hält das aus? Gott helfe mir," schrieb vor einiger Zeit ein württembergischer Sergeant auf ein Blatt Papier und dann erschoß er sich. An Muth haben diesen Unglücklichen die zwei Betrüger in meiner Zelle jedenfalls übertroffen.

Jetzt weiß ich auch den Grund, weßhalb der oben genannte Nachbar des Rüttebauern schon so lange sitzt — wegen betrügerischen Bankerotts. Eine ganz merkwürdige Erscheinung aber bleibt mir der Mensch doch und mein Mitgefühl über seine lange Haft hat er deßhalb noch nicht verloren. Er weint und jammert oft, daß es mir in tiefster Seele wehe thut, dann betet er wieder laut aus einem Buche, dann beginnt Schluchzen und Jammern auf's Neue. Rüttebauer sagte mir vorgestern beim Holzmachen, daß er oft die ganze Nacht hindurch weine und klage. Und nun sage ich mir: Welchen Vortheil soll er davon haben, wenn er Nachts weint, wo Niemand ihn hört, als der selbst hilflose Mitgefangene; das kann unmöglich Verstellung sein. Und wenn es Ernst ist dieses schmerzliche Klagen, und das verräth auch der Ton, sind es Reuethränen oder sind es Kämpfe zwischen dem guten und bösen Geiste, welch' letzterer ihn nicht gestehen läßt, oder ist es der Ausdruck des schrecklichen Gefühles, daß ihm Unrecht geschehe? Ich weiß das nicht zu enträthseln. Der Mensch soll erst 26 Jahre alt sein und erst ein Jahr verheirathet; auch sein 21jähriges Weib hat er in sein Elend hineingezogen, sie saß ebenfalls hundert Tag hier im Gefängniß und wurde erst kürzlich gegen Caution entlassen. „Das Unglück schreitet" doch oft entsetzlich schnell!

Im April dieses Jahres saß er auch in meiner Schlafzelle und schrieb an das Wandkästchen: „Heute, den 14. April, sitze ich schon 27 Tage hier und dies ist mein unglücklichster Tag, denn es ist mein bester Heiligentag." Ich schaute im Brevier, es ist Maximus an jenem Tag und dies sein Namenspatron. Nochmals sage ich, der Mensch hat mein Mitgefühl!

Einer meiner Vorgänger war scheint's ein resignirter und viel gesessener Vagabund, er schrieb an die Wand:

Nach Radolfzell bin ich gekommen,
Dann hat man mich attrapirt,
Der Gendarm in Empfang genommen
Und hierher geführt. —

Es liegt ein gewisser Vagabundenhumor in diesen Worten.

Nach diesen archäologischen Studien machte ich zoologische und mimische, indem ich auf einen Stuhl stieg und dem unter mir tagenden Viehmarkt, der schon längst durch das Gebrüll seiner Hornisten sich mir angemeldet, meine Aufmerksamkeit zuwandte. Ich habe hiebei gefunden, daß man überall bei Menschen und Vieh etwas lernen und beobachten kann. Da stunden in unmittelbarer Nähe einige Hebräer um ein stattliches Rind, das sie von allen Seiten betasteten mit stets lebendiger Mimenbegleitung, dort schlugen zwei einig gewordene Händler die Hände ein, unter einem Baume saßen zwei andere und zählten sich Geld vor; alte Kühe stunden gesenkten Hauptes und marschmüde an der Barriere, während junge Stiere lebhaft schauten und stampften. Ueber den ganzen Markt hin aber war ein

Laufen, Brüllen und Reden, Händeeinschlagen und Geldzählen, das mich lange Zeit auf's Beste amüsirte. Doch wenn ich mir denken mußte, was auf solch einem Markte gelogen und betheuert und geflucht und geschworen wird zwischen Christ und Jud; wie oft da einer seine Seele verkauft, bis der andere ihm glaubt, das Thier sei so und so alt und gebe so und so viel Milch und Schmalz, so mißstimmt einen andererseits wieder die schmutzige Geldgier so mancher menschlichen Judasnatur und die leichtfertige Gottvergessenheit der Menschen.

Dort drüben stund ein hagerer Mann, mittlerer Jahre, gesenkten Blickes bei einem magern Kühlein, das er zum Verkaufe bot. Der Arme sah recht traurig aus, vielleicht war das Thier die Nährerin seiner Kinder, und jetzt ist er gezwungen, es zu verkaufen, weil der Jude ihn drängt oder sonst ein christlicher Hebräer. Was mag wohl, dachte ich mir, in der trüben Seele dieses Menschen vorgehen, welche Sorge um Weib und Kind ihn drücken, daß er so stumm und still dasteht mitten im lauten Lärme von Handel und Wandel? Wäre gerne zu ihm hingetreten, hätte gerne ihn gefragt um sein Herzeleid, aber uns trennte unerbittlich Schloß und Riegel, Gitter und Stein. Ich stieg herab von meiner „Luge", und ein „Herr hilf dem Armen" war mein Gebet für ihn.

Am 8. August.

Wenn ich dieser Tage einen Schüler von mir im Gefängnisse traf und umgekehrt, so suchte auch mich gestern einer meiner Lehrer auf und zwar der erste in meinem Leben, bei dem ich einst die Elemente aller Wissenschaft, das A=B=C studirte. Er ist schon längst aus dem Schulfache ausgetreten und jetzt Spitalverwalter in seiner Heimath Radolfzell. Ich erinnerte mich durch seinen Besuch wieder lebhaft an meine ersten Knabenjahre, an jene rosigste Zeit im Menschenleben, wo den jungen Erdenbürger noch keine Sorge drückt, selbst wenn er in der Schule sein Pensum nicht kann und gestraft wird. Und diese beiden Dinge kamen bei mir oft vor, da ich damals viel zu lebhaft war, um solide Studien zu machen. Ueberhaupt war ich von meinem fünften bis zum sechzehnten Jahre ein höchst mittelmäßiger Schüler, und als mir der Gedanke kam, studiren zu wollen, rieth ein späterer Lehrer meinem Vater, der ohnedies keine Lust hatte, dringend ab, da der Bube zu dumm wäre. Doch ich ließ mit Bitten nicht nach, bis ich zum Vicar meines Heimathsstädtchens, einem tüchtigen Philologen aus Württemberg, in die „Stund" gehen durfte, wo Liebe und Lust zum Studiren mich Fortschritte machen ließen, die mir bald auf das Lyceum nach Rastatt verhalfen. Hier hatte ich mühsam das Examen in eine höhere Classe durchgedrückt und bald mußte ich von einem jetzt noch an der gleichen Anstalt wirkenden Lehrer die Worte hören: „Büble geh' du wieder heim, deine Sache ist doch nichts"; was mir großen Kummer verursachte und heiße Thränen in die Augen drückte. Doch hielt ich aus und später kam's besser.

Nicht lange konnte ich diesen Gedanken, die mein damaliger Lehrer in mir geweckt hatte, nachhängen, ich sollte aus diesen Träumen der Jugend heraus gar bald erinnert werden an die Kämpfe meiner Mannesjahre und daran, welch' gefährlicher Mensch aus mir geworden.

Spät am Abend kam nämlich der Oberamtsrichter sammt Actuar und machte mir einen Erlaß des Kreis- und Hofgerichtes Constanz, Abtheilung Strafkammer, kund. Ich hatte einige Tage zuvor, unter Hinweis auf die bereits früher vorgelegten Zeugnisse zweier Aerzte, um die Vergünstigung gebeten, einige Male in der Woche im Freien mich bewegen und ein Bad im See nehmen zu dürfen. Die Antwort war, unterzeichnet von einem gewissen „Stein", eine abschlägliche und zugleich als Desert mit einer Verschärfung verbunden, mit der nämlich, daß dringende Fälle ausgenommen, Besuche bei mir nicht zu gestatten seien. Ich verlangte „Brod" und man gab mir einen „Stein"! Ich suchte mir diesen Zwiespalt der Natur, der ohne jede Begründung mir in's Haus gefallen, zu erklären, aber nirgends fand ich einen Weg.

Zwar hatte die „Konstanzer Zeitung", für manche Leute ein sehr gefürchtetes Organ, das schon großen Herren Angst gemacht hat, in ihrer Nummer vom Abend zuvor die schreckliche Nachricht gebracht, es seien zwei katholische Landtagsabgeordnete bei mir im Gefängnisse gewesen und hätten mit mir in Wahlen gemacht — aber daß diese Denunciation jenes Besuches auf das so schnell hereingebrochene Verbot eingewirkt haben sollte, kann ich bei der bekannten Unparteilichkeit unserer Justiz unmöglich glauben.

Ich habe übrigens diesen Morgen schon eine Beschwerde über dieses unbegründete Vorgehen beim Justizministerium eingereicht und um Zurücknahme dieser Maßregel gebeten. Was es nützen wird, muß sich bald zeigen, bis dahin aber werde ich „einsam und alleine" darüber nachdenken können, wie schlimm es ist, in unseren Tagen nicht die rechten Wege zu wandeln, und wie ich's büßen muß, daß ich nicht jene Regel des Rastatter Philisters, von der ich oben gesprochen, befolgt habe. Der liebe Gott aber hat mich mit einem „unsterblichen" Humor gesegnet, so daß meine Seelenstimmung nicht einen Augenblick sich veränderte ob des verschärften Receptes; und was meine Gesundheit betrifft, so wird mit des Himmels Hilfe meine Willenskraft meinen Körper halten:

Wir bleiben frisch und munter,
Schwarz' Unkraut geht nicht unter.

In der vergangenen Nacht lag ich, was schon lange mein Leiden, schlaflos in meiner Zelle, welche die freundliche Luna, „am nächtlichen Himmel ihr Rossegespann lenkend," auf's Hellste beleuchtete. Eben hatte die Uhr Mitternacht geschlagen — da tönte auf einmal ein kräftig gebrüllter Jodler durch die Nacht hin; es war die Stimme des Rüttebauern, der, wie wohl ein Sechziger, sang wie ein Chorknabe. Bald secundirte eine zweite Stimme unter mir, des Gefangenwärters Hund ließ auch nicht lange auf sich warten und so hörte ich ein Trio, würdig der schlaflosen Nacht eines Gefangenen. Und doch erbaute mich die heitere Laune meiner Collegen und ich tröstete mich ihrer Genossenschaft mit dem bekannten Verse:

> Wo man singt, da laß dich ruhig nieder,
> Böse Menschen haben keine Lieder.

Gegen Morgen trat Aurora[1]) in meine Zelle und leuchtete in so wunderbarer Stärke, wie ich sie noch nie im Leben gesehen die „safrangewandete, rosenfingerige Eos"; dichtes Roth von herrlichster Färbung füllte die armseligen Räume und in übernatürlicher Schönheit strahlte die „Göttin" des alten Hellas.

Wunderlieblich besingt dies der fromme Spec in seiner Trutznachtigall:

> Jetzt wickelt sich der Himmel auf,
> Jetzt b'wegen sich die Räder,
> Der Wagen rüstet sich zum Lauf,
> Umgürt't mit Rosenfeder.
> O wie so schön, wie frisch und kraus!
> Wie glänzend' Elementen!
> Nit mögen's gnugsam streichen aus
> Noch Redner, noch Scribenten.
>
> O Gott, ich sing von Herzen mein
> Gelobet muß der Schöpfer sein.
>
> O Mensch, ermeß im Herzen dein,
> Wie wunder muß der Schöpfer sein. —

Als ich in einer Zeitung heute die Namen der auf dem Marsche von Burg Hohenzollern nach Rastatt am Sonnenstich gestorbenen armen Soldaten las, rührte mich das Geschick eines derselben ganz besonders. Im Monat Juli machte ich eine Erholungsreise auf dem Schwarzwald und kam eines Tages mit zwei lieben geistlichen Freunden, Waldpfarrern, nach dem Dorfe Waldau, wo wir in einem gar stattlichen Wirthshause, einem der besten des Waldes, Mittag machten. Der eine meiner Begleiter fragte den ihm wohlbekannten Wirth nach seinem Sohne, worauf der Vater berichtete, er habe erst geschrieben, sei auf Burg Hohenzollern, käme nach der Revue heim und alle im Hause freuten sich ihn bald wieder zu sehen.

---

1) Die Morgenröthe.

Armer Vater und arme Mutter, wie muß euch die Nachricht getroffen haben, daß euer Kind, nahe am Ziele der baldigen Heimkunft, so um's Leben kam und in fremder Erde begraben liegt, hingesunken in der Blüthe seiner Jahre und euerer Hoffnungen!

Wenn er im unerbittlichen Loose des Krieges vor dem Feinde geblieben, wäre der Schmerz nicht so herb; aber in Friedenszeiten auf diese Weise sein Kind verlieren, ist etwas namenlos Bitteres.

Die Presse muß darum mit allen Stimmen eine genügende Aufklärung verlangen über diesen Vorfall und das Volk, das seine Söhne hingibt, hat ein Recht darauf, daß, wenn Schuld auf irgend welcher Seite sich herausstellt, dieselbe auf's Strengste gesühnt werde.

Sonstige Glossen über diesen und ähnliche Vorfälle wollen wir unseren Herrn Reichstagsmitgliedern zu machen bestens empfohlen haben; denn sie dürfen ja frei von der Brust weg reden, unsereiner aber nicht.

Am 10. August.

Schon in aller Frühe des gestrigen Tages war der Gendarmeriewachtmeister, während ich noch schlief, im Hause gewesen mit dem Befehl, meinen Secretär Werber nicht mehr hereinzulassen ohne schriftliche Erlaubniß des Amtsgerichts, auch solle seiner Schwester, die mir jeweils das Mittagessen brachte, in Zukunft dasselbe am Thore abgenommen werden. Die „Freie Stimme" hatte in ihrer Abendnummer die oben berührte Strafverschärfung besprochen und nun wurde dem Redacteur die Generalerlaubniß mich besuchen zu dürfen, entzogen. Doch ich bin schon seit einigen Tagen ohne ihn und schreibe meine Gedanken in Pausen und so lange es mein Kopf gestattet, selbst nieder. Also auch darum keine Feindschaft nicht! Die Familie des Gefangenwärters, der eben abwesend ist, Frau und vier Töchter wußten gar nicht, daß sie einen so gefährlichen Strafgefangenen zu bewachen hätten und waren sehr erstaunt. Die guten Leute wissen eben nicht, was es heut zu Tage heißt ein Ultramontaner sein, und was das für nichtswürdige Individuen sind diese „Vaterlandslosen".

Der wackere Hausvater Klausmann ist verreist, um seinen zum Herzeleid Aller etwas ungerathenen Sohn anderwärts zu versorgen. Dieser Jüngling, kaum zwanzig Jahre alt, hat bereits einen Roman über seine Jugendzeit in Manuscript abgefaßt, der gegen sechzig Bogen zählt und den Titel hat „Unvergeßlich". Ob derselbe in Deutschland oder in Amerika im Drucke erscheint, weiß ich nicht, aber im ersteren Lande dürfte der kühne Schriftsteller eher einen Verleger finden, da ja bei uns die „reife und mündige" Jugend Alles gilt. Vielleicht wird der Roman irgendwo als Lesebuch eingeführt.

Gestern Nachmittag verließ der Collega Rüttebauer die Zelle, nachdem er seine sechs Wochen ehrlich, redlich und nüchtern abgesessen hatte. Ich sprach ihm noch Morgens im Holzhause bestens zu, fleißiger in die Kirche zu gehen, nicht mehr zu schimpfen, weniger zu trinken, keinen Proceß mehr anzufangen und den alten in Ruhe zu lassen. Er wollte nämlich par tout seine verlorene Sache wieder aufnehmen, wovon ich ihm, aus eigener Erfahrung, und da es gerade vier Wochen waren, daß ich damit durchgefallen, ganz entschieden abrieth. Jetzt fiel er aber in's andere Extrem, indem er versicherte, wenn ihm die letzte Kuh aus dem Stalle gestohlen oder sein Haus vor seinen Augen angezündet würde, nicht mehr zu klagen. Da ich es wahrscheinlich auch so machen würde, so wandte ich dagegen nichts ein.

Den Gottesdienst nicht mehr zu versäumen und am Sonntag Gott die Ehre zu geben, versprach mein Collega ebenfalls, nur auf's Schimpfen und Trinken wollte er nicht verzichten, nahm sich aber vor, ersteres in der benachbarten Schweiz zu thun, wo man noch „fröhlich" schimpfen könne, letzteres aber zu Hause. Auf den Weg gab ich ihm meinen „Lindentoni" mit, und er mir das Versprechen, einmal zu schreiben.

Ich sah ihm nach, als er durch den Gefängnißhof ging; kaum hatte das Thor sich hinter ihm geschlossen, so fing er an zu pfeifen und enteilte hurtigen Schrittes dem lästigen Gehege.

Heute ist zum zweitenmale Sonntag, ohne daß ich eine Kirche besuchen kann und nach den neuesten Vorgängen habe ich auch darauf verzichtet, darum nur zu petitioniren. Glücklich der Zuchthäusler, der darf jeden Sonntag Muth und Trost holen bei seinem Gotte! Auch auf der Festung war mir gestattet, an Sonn= und Feiertagen zu celebriren, und ich möchte deßhalb, auch aus verschiedenen anderen Gründen, meinen geistlichen Mitbrüdern die weise Lehre geben, nie auf Volksversammlungen gefährliche Dinge zu sagen, sondern stets auf der Kanzel; denn der Luz'sche Paragraph führt nur auf Festung, die anderen, hier einschläglichen, in's Gefängniß. Der Unterschied ist aber ein sehr großer:

In Rastatt im alten Schlosse sind Zimmer mit Fenstern so hoch, als hier die Thüren, Parquetböden, auf denen einst die stolzesten Cavaliere und die schönsten Frauen ihrer Zeit gegangen — und hier kleine Käfige, vordem bewohnt von Verbrechern und Spitzbuben aller Art, Fenster ohne Aussicht und Thüren so dick, wie die Finsterniß der Ultramontanen.

Dort täglich reichliche Bewegung im Freien, hier Gänsemarsch im geschlossenen Hof; dort unverschlossen, hier hinter Schloß und Riegel; dort gemeinschaftliches Mahl mit gebildeten Collegen, hier Einzelfütterung, wenn's beliebt, durch das Thürlädchen. Drum, der Paragraph Luz, er lebe hoch! —

In der Rede des heiligen Papstes Leo auf den Martyrer Laurentius, dessen Fest wir heute begehen, heißt es, der große Diacon habe zu einer Zeit gelebt, wo man es bei der Verfolgung der Kirche Christi namentlich „auf die Priester abgesehen hätte." Auch wir leben in Tagen, wo die Diener der Kirche vorzugsweise die Zielscheibe der Feinde Christi sind, und wo die „Pfaffenhetze" im Kleinen, wie im Großen und in allen Formen von der Rotte des Unglaubens unter „Halli und Hallo" in Scene gesetzt wird. Es ist darum kein kleines Opfer, das unsere jungen Theologen bringen, die heute in den Priester=

stand eintreten, wo sie einerseits Spott und Hohn von jedem Lumpen und anderseits materielle Armseligkeit nebst noch schlechteren Aussichten für die Zukunft erwartet. Fürwahr das alte Wort des Herrn: „Centuplum accipient et vitam aeternam possidebunt" 1) muß immer neue Kraft üben und übt sie.

Wenn ich so oft in liberalen Zeitblättern die infernale Bosheit lese, mit der gegen den Priesterstand gelogen und gehetzt wird, so tröste ich mich stets mit dem „Wanderliede" Göthe's:

Ueber's Niederträchtige
Niemand sich beklage,
Denn es ist das Mächtige,
Was man dir auch sage.

In dem Schlechten
Waltet es sich zum Hochgewinne,
Mit dem Rechten
Schaltet es ganz nach seinem Sinne.

Wand'rer gegen solche Noth
Wolltest du dich sträuben?
Wirbelwind und trock'nen Koth,
Laß sie sich drehen und stäuben.

Am 11. August.

Kaum aufgestanden ward ich schon wieder mit einem Besuche des Oberamtsrichters und seines Actuar's beglückt und im Untersuchungszimmer inquirirt, ob die Artikel in „der freien Stimme" und im „Beobachter", vom 7. resp. 5. d. M., mich zum Verfasser hätten, und mir auf Bejahen eröffnet, daß fortan sämmtliche Briefe, die von mir ausgehen und die an mich kommen, einer Revision sollten unterworfen werden. Sind solche gefährlichen Inhaltes, so werden sie dem Untersuchungsrichter in Constanz zugesandt.

Wenn sie mir nur meine Gefängnißgedanken nicht noch confisciren, das Schreiben verbieten und das Holzmachen anbefehlen?!

Haec est hora vestra! 2) —

---

1) Sie werden hundertfache Vergeltung bekommen und das ewige Leben besitzen. — 2) Das ist euere Stunde!

Doch nichts wird im Stande sein, mich auch nur eine Stunde zu trennen von meinem Gleichmuth und von der stillen Freude, daß die Menschen mich für ein so gefährliches Individuum halten und meinen, ich wäre so leicht zum Aerger zu bringen. Bald nach der neuesten Inquisition saß ich wieder heiter und vergnügt in meiner Zelle und medidirte über „Jus und Justitia", über „Recht und Gerechtigkeit". Wenn ich nun diese Gedanken niederschreibe, muß ich mich zuvor feierlichst verwahren, als ob ich hiebei an ein bestimmtes Recht, an bestimmte Justiz und gewisse Richter gedacht hätte. Meine kurze Betrachtung ist ganz allgemeiner Natur, was der Leser aber dabei denkt, dafür bin ich nicht verantwortlich.

Das Wort „Gerechtigkeit" ist, wie „Freiheit" eines der schönsten und vielsagendsten im Menschenleben, und doch werden beide in der schlimmsten Art mißbraucht. Unrecht heißt eben so oft Gerechtigkeit, als Zwang Freiheit und unter der Form des Rechtes wird vielfach das greulichste Unrecht verübt, wie unter dem Titel Freiheit der größte Terrorismus.

Recht studiren und Recht sprechen ist ein herrlicher Beruf, aber die Juristen gleichen gar oft den „lucis a non lucendo", sie üben Unrecht und halten dies für Recht. Am meisten wird das vorkommen in politisch aufgeregten und sonst corrumpirten Zeiten; politisch hoch gehende Tage werden stets mit Parteijustiz und corrumpirte mit schlechter Justiz verbunden sein. Das schlimmste Zeichen aber einer schlimmen Zeit wird stets eine corrumpirte Justiz sein.

Ein wissentlich schlechter und parteiischer Richter ist nach meinem Dafürhalten der schlechteste Mensch auf der Welt, weil er die hienieden letzte Instanz des Unschuldigen, das Recht, mit Füßen tritt. Buchstäblich wahr ist, was der große Staatsrechtslehrer und politische Schriftsteller des vorigen Jahrhunderts Karl Friedrich von Moser einmal sagt: „Ein Justizcollegium, das Ungerechtigkeiten ausübt, ist gefährlicher und schlimmer, als eine Diebsbande."

Wenn je ein Mensch eines reinen Gewissens bedarf, so ist es der Richter; ob aber ohne Glaube ein solches Gewissen möglich ist, möchten wir bezweifeln. Ein schlechter Richter wird stets glaubens- und gewissenlos sein.

Herrliche Worte spricht über die Justizsünden der eben genannte, gläubige Moser: „Das für alle Sünden der Welt vergossene Blut Christi hat insbesondere auch für die Sünden der Gerichtsstühle, der Urtheilssprecher, des ganzen Juristenvolkes fließen, und er, der Gerechte und Unschuldige für die Justizsünden aller Welt büßen müssen. Es kann uns Juristen innigst beschämen und beugen, nicht nur, daß wir Menschen und Sünder überhaupt, sondern daß wir Juristen sind und wir haben, so lieb uns unsere Seele sein soll, für unsere Regierungen, Gesetze, Gerichte, Acten und ganze Justizpflege die Besprengung des Blutes Christi täglich zu erbitten. Denn, frei vom Herzen weg, sei es gesagt, Gesetze und Ordnungen sind nicht nur eine schwache Schutzwehr gegen Ungerechtigkeiten, sondern sie sind just oft das Mittel und Vehikel, die gräulichsten und versätzlichsten Härtigkeiten und Ungerechtigkeiten nur mit desto dreisterer Frechheit zu begehen."

Wir möchten wissen, wie viele Juristen unserer Zeit diese Stelle aus Mosers Schriften schon gelesen haben, und wie viele noch glauben an die Sühne des Blutes Christi? —

Es ist auffallend, wie so manche der geistreichsten Juristen selbst nicht viel auf die Gerechtigkeit der Justiz und diese Wissenschaft überhaupt halten. Moser's Worte haben wir eben gehört. Aehnlich auch Logau, der berühmte Poet des 17. Jahrhunderts, bekanntlich ebenfalls Jurist. Er hält das Studium dieser Facultät für verlorene Zeit:

Wenn einer wil das Recht studiren,
So muß fünf Jahr er d'ran verlieren,

Und ein andermal:

Ob der rechte Rechtsverstand,
Je sei worden wem bekannt,
Ist zu zweiffeln; allem Meinen,
Wil stets was zu wider scheinen;
Ist also, was zweiffelhaft,
Schwerlich eine Wissenschaft.

Ueberaus merkwürdig aber und für Logan's Zeit mir unverständlich sind die folgenden Worte:

Ein Jurist bedarff eines Arztes, der ihm sein Gehirne stärke,
Daß er recht, was Rothes wolle und was Schwarzes heiße, merke.

Hat es denn zu jener Zeit auch schon Rothe und Schwarze im Zusammenhang mit der Justiz gegeben? —

Luther, sonst ein guter Deutscher, sagt:

„Die Juristerei ist eine feine, gute Facultät; aber jetzt gibt man sich nun auf die Praktik und verwirrt die Sachen, je nachdem die mancherlei Bräuche der Gerichte sind; zieht und schiebt es auf, hackt allerlei Hundshaar mit ein. Die alten Rechte liegen unter der Bank."

Ja diese Hundshaare, die haben schon manchen hinter Schloß und Riegel gebracht! —

Meine selige Großmutter hat mir einmal folgende Geschichte erzählt: Ein König hatte einen Hofnarren, der lag am Sterben; da bat er ihn, er möchte ihm doch auch ein Zeichen geben, wenn er gestorben, wie es ihm im Jenseits gegangen wäre. Der Narr starb und der König erwartete irgend ein „Verzeigen". Eines Tages nun ging er in seinem Garten spazieren, da flog eine Krähe über seinem Haupte und rief ihm ächzend zu: „Ehe ich hinkam, war ich schon gerichtet." An dieses alte Geschichtlein habe ich schon oft gedacht im Hinblick auf die weltliche Justiz und ohne ein Prophetensohn zu sein, wollte ich manchem das Urtheil der Hofnarren im Voraus verkünden.

Ich habe vor einiger Zeit ein Büchlein gelesen, das den Titel führt: „Erinnerungen eines badischen Beamten," worin der Verfasser aus seiner Praxis erzählt, wie früher (jetzt natürlich nicht mehr!) im Lande Baden Urtheile gemacht waren, bevor die öffentliche Sitzung abgehalten war. Er sagt:

„Im Berathungszimmer (nach Schluß der mündlichen Verhandlung) angekommen, zog der Referent das Urtheil mit den Entscheidungsgründen aus der Tasche, las das Urtheil vor, und da kein Widerspruch erhoben ward, schickte sich der Präsident an, in den Sitzungssaal zurückzukehren. Hiergegen wurde aber ein=

gewendet, daß man wenigstens eine Viertelstunde im Berathungs=
zimmer verweilen müsse, weil die Anwälte und das Publicum
sonst begreiflich annehmen würden, daß das Urtheil sammt
Entscheidungsgründen schon vor der Verhandlung fertig gewesen
sei. Dies war auch dem Präsidenten einleuchtend. Man unter=
hielt sich hierauf über das — Liebhabertheater in Rastatt, wo
die Scene spielte — bis die Viertelstunde um war, worauf der
Gerichtshof in den Saal zurückkehrte und das Urtheil von mir
(dem Verfasser der genannten Erinnerungen) verlesen wurde."

„So ging es in der Regel in allen Sitzungen, denen ich an=
wohnte; es ist mir wenigstens kein Fall erinnerlich, daß das
bereits fertige Urtheil in Folge der mündlichen Verhandlung
abgeändert worden, und der längere Aufenthalt im Berathungs=
zimmer nicht pro forma erfolgt wäre."

„Jetzt mag das nicht mehr geschehen, ich spreche nur von
der Zeit, während welcher ich bei Hofgerichten beschäftigt war.
Aber damals konnte man sagen, das öffentliche mündliche Ver=
fahren ist eine Comödie." — Der Mann spricht offen, aber
vorsichtig! — Ueber das tieferschütterte Rechtsbewußtsein
unserer Zeit und ihre Folgen auf die Justiz äußert sich Bischof
von Ketteler in seiner Broschüre „Die Katholiken im deutschen
Reiche":

„Das Rechtsbewußtsein ist wesentlich dadurch erschüttert,
daß die Regierungsgewalt sich durch den Einfluß des Absolu=
tismus und Liberalismus mehr und mehr von allen Staats=
controlen losgemacht hat, daß man sich daran gewöhnt, in
ihrer Hand eine willkürliche Macht vereinigt zu sehen, die man
als unwiderstehlich betrachtet, daß endlich der Grundsatz: „Macht
geht vor Recht," immer weiter sich in den Gemüthern festsetzt.
Ja, was noch gefahrdrohender ist, diese Zustände werden, wenn
sie so fortdauern, selbst auf den Richterstand ihren verderblichen
Einfluß üben. Seine volle Selbstständigkeit ist bereits bedroht.
Je mehr aber die Macht der Regierungsgewalt und ihres ab=
hängigen Beamtenthums ohne alle Rechtscontrole um sich greift,
je weiter der Kreis der Administrativjustizsachen gezogen wird,

je mehr sich die Parteiherrschaft der Majoritäten mit schnödester Verachtung, ja mit Verhöhnung des Rechtes in den Kammern festsetzt, je mehr dadurch das Recht selbst an Ansehen verliert, desto gewisser wird auch der Richterstand von diesen Zeitrichtungen mehr oder weniger in Mitleidenschaft gezogen werden und seinen erhabenen Beruf, das Recht vor der Gewalt zu schützen, aus dem Auge verlieren. Das sind die nothwendigen Folgen, wenn nicht die Justiz, sondern die Regierungsgewalt und Parteimajoritäten überall das letzte und entscheidende Wort im Staate führen".

Und Bluntschli, der große Politiker, Freimaurer und Staatsrechtslehrer, meint in seiner Schrift: „Charakter und Geist der politischen Parteien:" „Die politische Parteiung findet ihre Schranke in der unparteiischen Rechtsstellung der Beamten. Wie wir von dem Geschichtsschreiber verlangen, daß er unparteiisch sei, das heißt, daß er das Verhalten aller Parteien mit Wahrheit schildere und mit Gerechtigkeit bemesse, aber nicht daß er parteilos sei, das heißt, daß er ein empfindungsloser Spiegel sei, der die äußeren Lebensbilder gleichzeitig auffange und kalt reflektire; ebenso und in noch höherem Grade verlangen wir von dem Staatsmanne im Amt, daß er unparteiisch, aber nicht, daß er parteilos sei. Die Gefahr freilich, daß die Partei auch auf die Pflichtübung im Amte einen unberechtigten Einfluß habe, ist nicht gering. Am Verderblichsten wirkt diese **Trübung der Amtspflicht in der Rechtspflege**, denn das Recht, das nothwendig für Alle gleichmäßig gilt, wird in seinem innersten Wesen verletzt, wenn es der Parteileidenschaft dienstbar gemacht wird, die es ermäßigen und beschränken soll. Auch der Richter ist in seinem Rechte, wenn er als freier Bürger mit seiner Partei wählt oder wenn er als Abgeordneter zu seiner Partei hält. Nur als Richter darf er nicht auf die Partei sehen. Aber weil sein Amt ihn vorzugsweise zu unparteiischer Rechtsübung verpflichtet, **thut er besser, nicht voranzugehen in den Parteikämpfen**. Das Vertrauen der verschiedenen Parteien auf seine richterliche Unparteilichkeit wird leicht erschüttert, wenn er außerhalb des Gerichtes als eifriger Parteimann erscheint. Der Richter muß aber nicht nur **unparteiisch** sein, er muß auch **für unparteiisch** gelten."

Wir möchten diesen Worten des „berühmten" Helvetiers und Charaktermannes Bluntschli noch gerne eigene Gedanken und Erfahrungen anfügen, allein, da unsereiner kein Staatsrechtslehrer und kein privilegirter Liberaler ist, so wollen wir schweigen — im Gefühle unserer ultramontanen Nichtswürdigkeit. Aus den gleichen Gründen haben wir uns auch vorzugsweise darauf beschränkt, andere Leute über die Justiz reden zu lassen, da ein stets Verurtheilter nicht objectiv genug sein könnte, und weil in der Nähe der Schweizergrenze, wo mein Gefängniß steht, es sehr gefährlich ist, gewisse „Löwen zu wecken".

Den 12. August.

Von dem was draußen in der Welt vorgeht, erfahre ich nicht viel; Zeitungen sind mir zwar bis jetzt noch nicht verboten, allein, da das Lesen meinen Kopf eher angreift, als das Schreiben, wünsche und bekomme ich keine als je dreimal in der Woche die „freie Stimme", und das „Seeblatt" meines Freundes L. in Friedrichshafen. Dieses letztere Blatt gehört zu den wenigen entschieden Frontmachenden Blättern Württembergs; sein Redacteur ist ein wackerer Katholik und ein schneidiger Feind des Liberalismus. Wenn er in politischer Hinsicht zur Democratie hinneigt, so verübeln wir ihm das um so weniger, als unsereiner ihr selbst gerne anhinge, wenn eine ehrliche Democratie beabsichtigt und möglich wäre. So wie die Dinge aber jetzt liegen in Deutschland ist eine republikanische Staatsform mehr als eine Utopie, und die meisten unserer Democraten sind „Pfaffenfresser", wie die Liberalen, die für Alles nach Freiheit schreien, nur nicht für die katholische Kirche.

Im „Seeblatt" lese ich nun eben, daß der Schah von Persien immer noch in Europa weilt und zur Zeit unten in Wien seinen Despotenlaunen den Lauf läßt. Wenn man diesen Asiaten deßhalb in unseren civilisirten Residenzen so fetirt, um dem Manne Einiges beizubringen, was seinen ausgehungerten und ausgesaugten Persern zu Gute kömmt, so finde ich das recht schön und human, wenn man aber in ihm bloß den „Schah" unterhalten und bewirthen will, so hätten namentlich die Franzosen ihr Geld sparen können.

An diesem Perserreiche sieht man aber, wie eben jedes Volk in der Weltgeschichte seine Zeit und seine Cultur hat und dann abstirbt und, wenn ohne Christenthum, in die furchtbarste Despotie fällt.

Die ganze Völker-Geschichte zieht von Osten westwärts über Norden nach Asien zurück. Das erste große Weltreich Babylonien-Medien ging, nachdem es seine Zeit erfüllt, an die naturwüchsigen tapferen Perser unter Cyrus über, die ihre verweichlichten Nachbarn niederwarfen. Lange übten unermeßliche Macht die Könige der Perser, bis griechisch-macedonische Völker unter Alexander ihr Reich zerstörten und griechisches Leben und Cultur nach Asien hinübertrugen.

Des Macedoniers Reich ward sammt dem großen Culturstaate Griechenland eine Beute der noch unverdorbenen Römer, die dem in Kunst und Wissenschaft abgeblühten Hellas für immer seine politische Bedeutung nahmen und das Weltreich an die Tiber versetzten. Als Macht und Cultur im Römervolke ihre Höhe erreicht, sank das größte Volk der Welt in sittliche, politische und wissenschaftliche Verkommenheit, und hereinbrachen über die Alpen die Schaaren der wilden Germanen, und die Weltherrschaft ging an sie über. Das deutsche Volk hat eine tausendjährige Geschichte hinter sich, und man sage, was man wolle, seine Blüthe- und Culturzeit ist vorüber, im Norden taucht ein anderes Volk auf, ein von Cultur noch unbeleckter Coloß; an ihn wird die Weltherrschaft übergehen und der russische Bauer seine tausendjährige Geschichte beginnen. Und wer weiß, wenn nach Jahrhunderten der Pan-Slaven Zeit vorüber sein wird, ob nicht indeß durch das Christenthum regenerirt, die Völker im Osten abermals vorherrschend in die Weltgeschichte eingreifen?

Soviel lehrt in unauslöschlichen Zügen die Geschichte aller Völker, daß die Cultur jedes Volk aussaugt und dann sterben läßt. Schauen wir, von China nicht zu reden, nach Griechenland; dort wo einst die größten Dichter gesungen, die berühmtesten Künstler gemalt und gemeißelt, die gewaltigsten Redner geredet, die tapfersten Feldherren und Soldaten gesiegt, dort lebt jetzt ein verkümmertes Volk von Räubern und Ziegenhirten. Gerade so in Italien. Und in Deutschland? Ist da nicht die Blüthezeit der Malerei schon längst, und die der Dichtung in diesem Jahrhunderte zum Abschlusse gekommen?! Die Industrie und das Krämerinteresse wird noch einige Zeit als Cultur weiter gehen, und die deutschen Professoren noch viele Bücher schreiben, die vor ihnen in's Grab steigen, aber die Glanzperiode des deutschen Volkes und Geistes, sie ist dahin und all' unsere liberalen Schreier werden sie nicht mehr aus der Gruft herausbringen.

Wie schön sagt nicht der Schweizer Gelehrte und Dichter Albrecht von Haller:

Jetzt sinken wir dahin, von langer Ruh' erweichet,
Wo Rom und jeder Staat, wenn er sein Ziel erreichet.
Das Herz der Bürgerschaft, das einen Staat beseelt,
Das Mark des Vaterland's wird mürb' und ausgehöhlt.

Und Schlosser in seiner Geschichte des achtzehnten Jahrhunderts:

„Der Gipfel irdischer Macht und Größe pflegt nach ewigem Gesetze aller menschlichen Dinge stets der Anfang des Verfalles zu sein."

Soll mich wundern, wenn nicht irgend ein liberales Genie, das allenfalls diese Zeilen zu lesen bekömmt, in die geistreiche Emphase ausbricht:

„Da sieht man's wieder, wie diese vaterlandslosen Menschen dem deutschen Reiche und unserer Bildung, die doch das Höchste

ist, was es geben kann, das Ende prophezeien und wie sehn=
süchtig sie darauf warten!" Wir wollen vorläufig und kurz
eine Antwort geben: „Das deutsche Reich wird ganz genau so
lange bestehen, als es ihm nach den ewigen Gesetzen der Welt=
geschichte bestimmt ist, ohne Rücksicht auf liberale oder ultra=
montane Wünsche. So war es zu allen Zeiten, und auch in
der unserigen wird man den Herrn von Liberalismus nicht
fragen, ob er mit dem Gang der Geschichte zufrieden sei, oder
nicht."

Nur ein Reich hat seit fast zwei Jahrtausenden alle Welt=
reiche überlebt und wird auch das Ende der jetzigen und der
künftigen sehen und dieses unüberwindliche Reich, über das die
Zeit nicht zerstörend hinfährt, ist das Reich Gottes auf Erden,
die römisch=katholische Kirche.

Sie hat das Weltreich der Römer gegen sich anstürmen und
untergehen gesehen; neben ihr entstunden und vergingen die
Reiche Karl's des Großen, Karl's V. und Napoleon's I. —
und nur eines in all' diesen Wechseln von achtzehn Jahrhun=
derten ist geblieben, das Rom der Päpste und die römische
Kirche. Und was wäre heute Europa ohne diese Kirche, was
Deutschland? Hätte Rom nicht seine Gotteshäuser und Taufsteine
den gegen das Römerreich anstürmenden, wilden Germanen
geöffnet, nicht seine Heilsboten in die deutschen Wälder und
Sümpfe gesandt, wo wäre heute die deutsche Bildung? Weder
lesen noch schreiben könnte dieses Volk der Denker, unsere Herren
würden Ure und Bären jagen, und unsere Bauern ihre Schweine
hüten unter den Eichbäumen Altgermaniens.

Haben diese Menschen je auch schon gedacht oder gewußt,
was sie Rom und seinen „Pfaffen" schuldig sind? —

Um aus dieser alten Zeit heraus wieder erinnert zu werden,
daß ich im neuen deutschen Reiche und in einem badischen
Gefängnisse sei, trat soeben der zweite Beamte des Amtsgerichtes
in meine Zelle; er war auf der „Gefängnißvisitation", begleitet
von einem blutjungen Actuar, der die unverkennbare Miene
eines Staatsrathes trug. Man wird gefragt, ob man keine

Klagen habe gegen den Gefangenwärter, über Kost, Behandlung u. s. w.; ob der Mensch mit seinem Strafurtheil, seinen Richtern und deren Gerechtigkeit zufrieden sei, darum kümmert sich Niemand!

Nach fünf Minuten war ich wieder allein.

Den 14. August.

In der „Constanzer Zeitung" soll gestern ein liberaler Freudenartikel gestanden sein darüber, daß das dortige Hofgericht so entschieden gegen mich im Gefängnisse vorgegangen sei.

Ja, freue dich liberales Bedientenvolk am See, sie haben jetzt, wie bei meiner Verurtheilung einer gejubelt, den „Rechten", freue dich, sie haben ihn — müssen ihn aber wieder herauslassen, und das ist eine Trübung deiner Bedientenfreude!

Freue dich nach oben kriechendes und nach unten tobendes Völklein, freue dich und dann gehe hierher und frage den Gefangenwärter, ob je eine Secunde mein Muth gebeugt oder meine Heiterkeit getrübt war — trotz all' der Verschärfungen.

Ich will dir noch weiter zu deiner Freude erzählen, was noch nicht in der über Richter und Gerichtete Vehmgericht haltenden Constanzerin steht, daß mir nicht einmal gestattet ist, in dem an der Gefängnißmauer liegenden Hausgarten auf- und abzugehen, und daß mir heute ein Brief an meine **Schwester**, den ich geschlossen vorlegte, zurückgeschickt wurde mit dem Bemerken, er müsse offen sein. Kann man strenger mit einem siebenfachen Raubmörder, der in Untersuchung ist, verfahren?!

Ich habe nun eine Postkarte geschrieben, damit nicht bloß der Amtsrichter, sondern jeder Briefträger die staatsgefährliche Bestellung von Socken und Hemden lesen könne.

O sancta — justitia [1])!

Am 14. des vorigen Monats befand ich mich übrigens in einer weit gefährlicheren Situation, als heute — in einem Seesturme auf kleiner Gondel und zwar Nachts zwischen acht

---

1) O heilige — Gerechtigkeit.

und zehn Uhr. Ich habe dabei die ganz merkwürdige Erfahrung gemacht, daß der Mensch in solcher Lage an Alles eher, als an den Tod denkt; der Gedanke an Rettung, der Kampf um's Leben gegen das wilde Element nimmt alle geistigen und leiblichen Kräfte in Anspruch. Erst am rettenden Ufer fühlt man die große Gefahr und erschauert in sich. Nachts zehn Uhr erreichten wir, noch drei Männer aus meiner Pfarrgemeinde waren meine Gefährten, Land und Gott dankend zogen wir noch drei Stunden zu Fuß unter furchtbarem Regen heimwärts. Zwei Meilen unter uns hatten sechs Menschenleben ihr Ende im gleichen Sturme gefunden. Wie richtig ist doch in den alten Litaneien die Uebersetzung von: „a morte improvisa libera nos domine!" „Vor einem jähen Tode bewahre uns, o Herr!"

Der heil. Paulus spricht in seinem zweiten Briefe an die Korinther ebenfalls von „periculis in mari", von den Gefahren auf dem Meere, und zählt dabei noch weiter auf „pericula in civitate" und „a falsis fratribus" — „Gefahren im Staate und von falschen Brüdern." Diese beiden Sorten von Gefährlichkeiten sind in unserer Zeit auch nicht ohne, und ist es namentlich in manchem „Staate sehr gefährlich", gefährlich auf der Kanzel, gefährlich bei Volksversammlungen, gefährlich beim Zeitungsschreiben, gefährlich vor Gericht. Und dann erst „die falschen Brüder", jene große Schaar von falschen Zeugen, Denunzianten, Polizeispitzel, Schnüffelhyänen und wie diese ehrlichen Leute alle heißen. Auch ein Zeichen der Zeit, derlei Menschen!

> Erst gab's nur einen Kotzebue
> Jetzt gibt's ein ganzes Schock;
> Und schüttelst du das Haupt dazu
> So leg' es auf den Block!

So sang Platen in seinem „Rubel auf Reisen" vor vierzig Jahren, heute reist der Thaler.

Es gibt Leute, welchen Denunziren und Spioniren ein wahres Bedürfniß ist und denen man zu keiner Zeit trauen kann. Göthe sagt in seinen „zahmen Xenien" ganz zutreffend:

Freund, wer ein Lump ist, bleibt ein Lump,
Zu Wagen, Pferd' und Fuße;
Drum glaub' an keinen Lumpen je,
An keines Lumpen Buße.

Heute sah ich zum erstenmale den langsitzenden Untersuchungsgefangenen, des Rüttebauern Nachbar, durch den Hof zum Amtsgerichte abführen, wo nun die Acten geschlossen sein sollen. Der Mann hat durchaus nicht das Aeußere eines schlechten Menschen und bin ich begierig, wie seine Schuld sich herausstellt, was beim nächsten Schwurgericht im September offenbar werden wird; bis dahin hat er jedenfalls noch zu sitzen[1]).

Uebrigens höre ich ihn seltener mehr weinen, aber viel beten.

Auch zwei frische „Collegen" sind angekommen, zwei Helvetier, die Roß und Wagen gestohlen und hier in der Nähe, auf badischem Gebiet sie verkaufen wollten. In der Schweiz scheinen die Leute noch nicht zu wissen, daß das Annexiren im „Kleinen" noch nicht zu den Großthaten der Geschichte gehört; diese deutschen Böotier sind eben in manchem noch weit zurück hinter den Hellenen diesseits des Rheines, namentlich im Steuerzahlen und Militärbudget. Auch haben sie noch nicht einmal die rechte, allüberall übliche Bezeichnung für die Parteien. So erzählte mir vor einiger Zeit ein liberaler Wirth aus Rorschach, daß in jener ganzen Gegend die Ultramontanen, die „Rothen" und die Liberalen die „Schwarzen" heißen, und zwar jene roth, weil sie dem Papst und seinen rothen Cardinälen anhingen, und diese schwarz, weil sie nach der Meinung ihrer Gegner auf Seite des „T—f—l's" kämpften. So ganz verwerflich ist diese Ableitung nicht, und wenn unsere Liberalen sie ebenfalls annehmen wollten, hätte gewiß kein Schwarzer etwas dagegen! Die Herren haben so keinen entsprechenden Namen, da weder „roth", noch viel weniger „liberal" auf sie paßt; am besten, wenn sie eine Bezeichnung „in Schwarz" sich beilegen wollten, wäre „Mohren", da sie gerne die Bedienten

---

[1]) Er wurde wegen Betrugs zu vier Wochen Gefängniß verurtheilt und, da er schon viel länger gesessen, sofort auf freien Fuß gesetzt.

machen, z. B. hinten aufsitzen wenn der Herr kutschirt, und später auch einmal abgehen können, wenn sie „ihre Schuldigkeit gethan" haben.

Spät am heutigen Abend kam noch ein weiterer Gast, ein Bauer aus der Umgegend. Er meldete sich mit den Worten: „Ich habe nur ein ganz klein wenig geschimpft und soll jetzt zwei Tage mich hier einsperren lassen." Der Mann muß in der That nur „ein klein wenig" zu viel gesagt haben, denn die Strafe ist mild; das Recept aber, wie er das Minimum im Schimpfen abgewogen, könnte man sich geben lassen — für künftiges Bedürfniß. „Doch halt Bauer," würde es vielleicht bei unsereinem heißen, „das ist was anderes!"

Am 15. August.

Ein lieblicher Marientag heute! Lieblich der Tag und lieblich das Fest. Ueber'n See und vom Lande her tönen die Glocken in meine von der Sonne freundlich erhellte Zelle, und die Gläubigen ziehen „zur Mutter der Gnade, zu ihrem hochheiligen Kind".

Das heutige Fest hat die badische Regierung noch mit Staatsschutz versehen, das einzige, so viel mir erinnerlich, von allen Marientagen; merkwürdig, denn gerade die Verherrlichung Marien's, welche von der Kirche heute begangen wird, ist noch nicht einmal definirter Glaubenssatz. Aber gerade an diesem Feste könnten die Schreier unserer Tage lernen, wie in der katholischen Kirche Dogmen entstehen. Wenn das letzte Concil die Himmelfahrt Maria's definirt hätte, würde man wieder blindlings geschrieen haben: „Seh't da, wie sie neue Glaubenssätze aufstellen" — und doch lebt seit Jahrhunderten dieser Glaube in der Kirche durch die Feier des heutigen Festes. Gerade so verhält es sich aber mit der Infallibilität.

Eine Wendung zum Besseren zeigt in unserer Zeit die zunehmende Verehrung der Gottesmutter, stets ein sicheres Zeichen des neu aufblühenden Glaubenslebens. Wie großartig sind nicht diese Kundgebungen zu Ehren Marien's in Frankreich, auch unter den besseren Ständen, wo dieser Tage über hundert

Mitglieder der Nationalversammlung eine Wallfahrt machten. Wird je in Deutschland es auch einmal so weit kommen, daß die Majorität eines Landtages zu Gnadenorten der Mutter Gottes seine Zuflucht nimmt?! Wir glauben es kaum, es müßten denn nur Pest= und Cholerazeiten kommen, wo z. B. in München, Groß und Klein, Hoch und Nieder, den Weg gefunden haben zur Mariensäule [1]).

Es hat mich in meinem Glauben kaum etwas mehr bestärkt, als das Buch „Lourdes" von Heinrich Lasserre; wer das gelesen, der muß entweder teuflisch verstockt, oder blödsinnig dumm sein, wenn er nicht zur unerschütterlichen Ueberzeugung gekommen, daß dort die Königin des Himmels zur Erde herabstieg; und es ist mein fester Entschluß, so Gott mir Leben und Gesundheit gibt, und die Zeitumstände es gestatten, im kommenden Frühjahr am Felsen von Massabielle, in der Grotte von Lourdes, zu beten und dann einige Studien zu machen unter dem „verkommenen" Franzosenvolk des Südens, selbst auf die Gefahr hin, nach meiner Rückkehr von liberalen Blättern als Spion denunzirt zu werden. —

Von der Frau des Gefangenwärters erfuhr ich, daß das Gefängniß auf dem ehemaligen Kirchhofe der Stadt Radolfzell steht, der erst vor wenigen Jahren den lebendigen Gräbern der Gefangenenzellen weichen mußte. Es liegt ungemein wenig Pietät darin, einen Gottesacker, auf dem die vergangenen Geschlechter einer in der Geschichte ihrer Heimath, wie wir später sehen werden, nicht unrühmlich bekannten Stadt den letzten Schlaf schlafen, so zu rasiren, wie es hier geschah.

Diesen Morgen nun fand ich, während des Gottesdienstes im Hofe auf und abgehend, einen Knochen und ein Stück eines Schädels, wahrscheinlich vom Hunde Klausmann's oder von seinen Hühnern aus dem nicht sorgfältig gesäuberten und gedeckten Boden hervorgescharrt. Ein eigener Anblick und zum ernsten „Memento" mahnend, die gebleichten Gebeine eines

---

[1]) Ist bereits wieder geschehen am 29. August.

Menschen, der einst war, was wir heute sind, und dem wir einst ähnlich sein werden im modernden Gebein.

O, Mensch, wie klein bist du! —

Und was wären wir, wenn in und mit dem Staube unser Leben endigte — die armseligsten und unglücklichsten aller Geschöpfe. Das Thier weiß nichts von dem Kummer, von der Sorge, von dem Wehe, von dem täglich das Menschenherz heimgesucht ist, bald stärker, bald milder; es weiß nichts von jahrelangem Siechthum, ihm greift der Tod nicht bei vollem Bewußtsein in's lebende Herz und würgt es hin. — Und bei all' diesem Erdenjammer wohnt in unserer Brust die unauslöschliche Sehnsucht nach Glück und Frieden und wir finden hienieden beide nimmermehr. Das Thier wäre unendlich glücklicher, als der Mensch, die Krone der Schöpfung, wenn mit dem irdischen Leben des Menschen Dasein sich abschlösse.

Nein, das einzige Geschöpf, das seinen Schöpfer denken kann, das den Blick über die Grenzen dieser Welt hinauszurichten vermag, es muß, wenn es nicht das unglücklichste aller Creaturen sein soll, eine andere Bestimmung haben, als die, die Erde zu füllen mit seinem Moder und seinem Staub. Und der heutige Festtag ist ja dem gläubigen Menschen eine neue, selige Erinnerung an die Fortdauer seines ganzen Wesens nach dem Tode.

Dies waren so meine Gedanken, während ich ein Stück Menschengebein in meinen Händen hielt, und dann ging ich hinauf in meine Zelle und las in „den Nachtgedanken" des großen Bischofs von Hippo, die mich hierher begleitet haben, das Kapitel von der Glückseligkeit; eine herrliche, hinreißende Schilderung, wie sie nur ein so hochbegabter und von Liebe zu Gott überfließender Geist, wie St. Augustin, zu zeichnen vermochte.

Die Schlußworte will ich hier wiedergeben:

„Mitten in jener erhabenen Wohnung wird unser Auge den ewigen Sohn des Vaters schauen in seiner Menschengestalt, umstrahlt vom Glanze der Gottheit. Aber unser Geist wird,

geleitet vom göttlichen Lichte, tiefer bis zur Urquelle durch=
bringen, in das unendliche Wesen der Gottheit, die er ohne
Hülle schauen wird. Er wird Gott in der Menschheit schauen
und in dem Gottmenschen die unendliche Majestät, die unend=
liche Schönheit, die Güte, die Weisheit, die Gerechtigkeit, die
Liebe und die übrigen grenzenlosen Vollkommenheiten. Hier
verstummt jede erschaffene Zunge, und jeder endliche Verstand
wird blind und getrübt. Die Erde hat kein Bild, die Natur
keinen Schattenriß, um dieses selige Loos zu schildern. Eisen
in's Feuer geworfen und glühend wie Feuer, Wolken von der
Sonne beleuchtet und strahlend wie die Sonne sind nur un=
schickliche Bilder, um die Wonne des Menschen im seligen Ge=
nusse der Gottheit darzustellen. Alles, was die Erde Annehm=
liches darbietet, alle Freuden, die das Menschengeschlecht seit
dem Anbeginne der Welt genoß, sind zusammen im Vergleich
mit jener unaussprechlichen Wonne Nichts als Bitterkeit. O Glaube,
dem die Geheimnisse des höchsten Königs anvertraut sind, du
kannst über diesen erhabenen Zustand Aufschlüsse geben. Aber
hier verstummt selbst der Glaube. Schon Alles hat er uns
gesagt, wenn er lehrt, daß wir Gott schauen werden; wenn er
lehrt, daß wir Gott besitzen und dadurch, daß Er sich uns
schenkt, gleichfalls vergöttert werden. Hier schweigt der Glaube
und bedeckt mit einem Schleier dasjenige, was dem Menschen
hienieden zu wissen nicht vergönnt ist. Aber welch' einen un=
ermeßlichen Abgrund zeigt uns der Glaube in diesen wenigen
Worten! Immerfort, o Sterblicher, sollen diese deinem Geiste
vorschweben, und durch Nachdenken über das, was dir schon
gegeben ist, sollst du deine künftige Größe kennen lernen. Aber
du möchtest Alles wissen, was der Glaube dir jetzt noch ver=
hüllt. Sterblicher, du kannst es; wende dich nur an die Liebe.
Sie wird voll Liebe deine Wünsche befriedigen. Sie wird dir
den Schleier lüften; aber nicht eher, bis du deine irdische
Hülle der Erde zurückgelassen hast. Liebe deinen Gott und du
wirst einst sehen, wie süß es ist, Ihn zu schauen. Das zu
wissen ist nur dem gegeben, der auserwählt ist, es zu er=

fahren, und nur der erfährt es, welcher hienieden zu lieben versteht. Die Liebe allein öffnet dem Menschen den Zutritt zu so großen Gütern; darum, o Mensch, wende dich an die Liebe."

Fürwahr, solche Worte aus dem Munde eines Genie's und eines Heiligen zugleich, können selige Augenblicke selbst den empfinden lassen, der in einer Zelle sitzt, als Gefangener.

Den 16. August.

Eben hat mich zur Abwechselung wieder einmal der Oberamtsrichter mit seinem Actuar heimgesucht und im Auftrage der Strafkammer Constanz befragt, wie die schon oben erwähnten Artikel in der „Freien Stimme" und im „Bad. Beobachter" aus dem Gefängnisse heraus den betreffenden Blättern zugekommen seien, ob vielleicht durch Vermittelung des Gefängnißwärters oder seiner Angehörigen. Ich gab der Wahrheit gemäß an, daß Werber beim Besuche sie jeweils mitgenommen habe, beschwerte mich aber, daß, während die Constanzer Zeitung und ihre liberalen Nachbeller am See über mich und meine Gefängnißstrafe in allen Tonarten Glossen machten, man mir verbiete, Artikel zu schreiben bezw. mich zu vertheidigen. Zugleich wurden mir zwei Briefe, nachdem sie die Revision passirt hatten, d. h. in meiner Gegenwart geöffnet worden waren, zugestellt; sie sind beide von hochverehrten Freunden, von denen der eine unter den Ersten im „Centrum" kämpft. Der andere, nie recht mit mir zufrieden, ich mag es angehen, wie ich will, schreibt mir u. A.: „Heute (15. August) sind es vier Jahre, daß ich Sie zum erstenmal predigen hörte. Ich bin überzeugt, Sie wären heute nicht, wo Sie sind, wenn Sie innerlich in diesen vier Jahren mehr auf das gehört hätten, was ich Ihnen sprechend und schweigend zu predigen mir erlaubte. Ein großes Uebel oder eine Gefahr für Ihre Gesundheit kann ich in den sechs Wochen nicht erblicken, wohl aber eine große Gnade Gottes, wenn sie dieselbe ergreifen und festhalten wollen." Ich habe schon früher das Sprichwort angeführt: „Wer den Schaden hat, der braucht für Spott nicht zu sorgen;" Spott ist in diesen Worten zwar nicht im Entferntesten, sondern tiefer Ernst, würdig des Mannes, der sie schrieb, allein zum Schaden noch eine Vorlesung ist auch nicht angenehm. Aber, wie gesagt, ich kann's dem Herrn, der es vielleicht unter allen meinen Freunden am Herzlichsten meint, nie recht errathen. Würde ich nie auf Volksversammlungen auftreten, so tadelte er mich ganz entschieden, trete ich aber auf, werde denuncirt, gepackt und eingesperrt, so tadelt er mich abermals. Gerade so hat er's mit meiner Gesundheit; wenn ich ihm noch so oft sage, daß ich leidend bin, er glaubt es nicht und hat scheint's, wiewohl er an ähnlichem Nervenübel lange laborirte, die Ansicht, die mein verehrter Lehrer, der verstorbene, stets kränkelnde Lyceumsdirector Schraut in Rastatt, oft äußerte: „Ein ordentlicher Schüler wird nie krank."

Nun der sonst wirklich große Mann und Schriftsteller hat auch seine Eigenheiten, wie jeder andere Sterbliche; eine derselben ist jedenfalls die, stets tadelnd, mich in der Demuth zu erhalten, die ich, wie ja der große Nationalliberale, Kiefer mir in der zweiten Kammer in's Gesicht gesagt, sehr nöthig haben soll — nur glaubte ich, dem Herrn Kiefer erwiedernd, am allerwenigsten ihn zum Vorbild brauchen zu können.

Da ist denn doch der genannte Freund eher befugt, mich zurecht zu weisen, denn an ihm weiß ich keinen Fehler, als den, daß er mit mir immer zanken muß.

Lieblicher ist, was meine Person betrifft, der zweite Brief des Centrumsmannes, der, wie es einem so alten, berühmten Parlamentarier ansteht, auch von der politischen Zeitlage spricht.

„Es ist," schreibt der Herr, ein Laie, „fast unerträglich, in solcher Weise Bischöfe und Geistliche behandelt zu sehen, und diese dummen, halbgebildeten Städter in Bayern und Württemberg schauen noch mit Behagen zu, wie man in Preußen und in der Schweiz den Boden abgräbt, der doch allein auch ihre Existenz trägt. Es ist ein Zeichen einer großen Dummheit, überall durch die Abstraction von Gott und Kirche den Staat zu Grunde zu richten und zu wähnen, daß wir in unseren deutschen Landen dem entgehen. Deutschland ist noch stark, ja, und hat sich durch den Krieg noch befestiget, aber warum muß es, statt sich durch den Schutz jedes Rechtes aufrecht zu erhalten, seinen inneren Frieden und damit seine Macht selbst untergraben durch das Vorgehen gegen die katholische Kirche."

So äußert sich ein Vaterlandsloser brieflich an einen Vaterlandslosen. Sind hier Worte, die den Untergang des deutschen Reiches wünschen, wie die Liberalen uns so gern vorwerfen? Nein, es ist die Klage eines Vaterlandsfreundes, darüber, daß das Vaterland sich selbst untergräbt durch inneren Unfrieden, durch den Sturm gegen die Bischöfe und Priester der katholischen Kirche. Schlosser sagt einmal: „Der Versuch, die Geistlichkeit zu reformiren, ist thöricht unter allen Himmelsstrichen;" in Preußen will man dies thun, man will den Geistlichen eine „nationale Bildung" geben und die Bischöfe zu Staatsdienern machen. Nach Schlosser also wäre das eine „Thorheit". Und was heißt „nationale Bildung", auch wieder eine der vielen, zeitüblichen façons de parler? „Nationale Bildung" des Clerus bedeutet nach liberalem Wörterbuch nichts anderes, als Priester bilden, die nach Papst und Bischöfen nichts fragen und stets willfährige Werkzeuge des jeweiligen liberalen Regiments sind, Priester, die eigentlich keine Priester sind, am allerwenigsten katholische. „Nationale Bildung" heißt weiter an die unvergängliche Glorie des deutschen Reiches und an die Unsterblichkeit der herrschenden liberalen Grundsätze glauben. Letzteres kann kein ruhig und klar denkender Mensch und ersteres wünschten wir alle von Herzen; allein die Wege, die jetzt gegangen werden, sind dazu nicht angethan, weil sie den religiösen Frieden, die Grundbedingung einer Staatsexistenz, untergraben.

Als Karl V., so erzählt sein Geschichtsschreiber Sandoval, die Nachricht empfing von dem großen Siege bei Pavia am 24. Febr. 1525, und von der Gefangennahme seines Gegners

Franz II., zeigte er die größte Mäßigung, er erlaubte keine Freudenfeuer oder Feste, sondern ging in die Kirche, dankte Gott knieend und äußerte: er werde dies benützen, um Freunde zu belohnen, Feinden zu verzeihen und den Frieden innerhalb der Christenheit herzustellen.

Auch Deutschlands Kaiser zeigte in seinen Siegesdepeschen ähnliche Gesinnung, daß es nicht dazu kam, daran ist Wilhelm I. nicht schuld; aber auch nicht die Katholiken, welche bitter enttäuscht wurden in ihren Friedenshoffnungen. Mögen deßhalb die Consequenzen des ausgebrochenen Kampfes sein welche sie wollen, die Katholiken im deutschen Reiche können in Unschuld ihre Hände waschen, auch wenn die Liberalen in ihrer bekannten Wahrheitsliebe sie als die „Reichsfeinde" hinstellen.

Mit ganz trefflichem Humor schildert mein Freund A. Muth, der rühmlich bekannte Dichter im Taunus, in einem Briefe an mich unsere Reichszustände. Diese Verse sollen nicht ungedruckt in einem Briefe vermodern, sondern hier einen Platz finden:

> Mein Liebchen, ich muß dich fragen
> Was bangst du doch so sehr?
> Schaust du ägyptische Plagen?
> „Es gibt keine Wunder mehr."
>
> Sei fröhlich, frisch, fromm, heiter,
> Hast „Heidengeld" ja schwer,
> Hast ja Kanonen und Reiter,
> Mein Liebchen, was willst du mehr?
>
> Hast weite stolze Lande,
> Kasernen und Steuern ja sehr,
> Berlin liegt hübsch im Sande —
> Mein Liebchen, was willst du mehr?
>
> Hast „Freiheit", „Bildung", „Leben", —
> Hast Demi-monde genug,
> Hast „nationales Streben"
> Mein Liebchen, so sei doch klug!

Hast Presse und hast Reptilien
Und Gimpel für jeden Leim,
Hast Gänse und Conchylien
Und — vielen Urweltschleim.

Was wollen Polen und Dänen,
Sociale und Andere mehr!
Ihr Sehnen und ihr Wähnen,
Das kümmert mein Lieb nicht sehr.

Was wollen Ultramontane
Mit Recht und Gewissen mehr!
Der „Staat", so heißt die Fahne,
„Gesetz", so heißt die Wehr.

Mein Liebchen, nur immer weiter,
Verachte die Menschen nur sehr,
Hast ja Kanonen und Reiter —
Mein Liebchen, was willst du mehr?

Am 18. August.

Den zu zwei Tage verurtheilten Bauern lernte ich trotz seiner ephemeren Anwesenheit kennen — beim Holzmachen, und zwar als Mitglied der katholischen Volkspartei. Daß aber die ultramontane Partei am See auf den Mann stolz sein darf, dafür folgende Thatsache: Er ist ein armer Taglöhner, der im Sommer als Torfstecher und im Winter als Holzmacher einen Gulden und zwölf Kreuzer täglich verdient, damit ein Weib und vier Kinder ernährt und noch so viel erübrigt, um sich die „Freie Stimme" halten zu können, deren Abonnent er seit ihrem Bestehen ist. „Hut ab!" vor solch' einem Bauersmann und Katholiken; wenn unsere katholischen Bauern und Taglöhner alle so dächten und handelten, wie dieser tapfere Seehas, dann wäre unsere Presse eine Macht in Deutschland, mit der man rechnen müßte.

Wie beschämt aber dieser arme Taglöhner Tausende von wohlhabenden, ja reichen Katholiken, die für die Presse wenig oder gar nichts thun!

Anno 48 hat der Mann bereits eine vierwöchentliche Ge=
än gnißstrafe erstanden, weil er das „Heckerlied" gesungen und
jetzt hat eine beleidigende Aeußerung gegen einen Liberalen im
Wirthshaus ihn abermals kurze Zeit um seine Freiheit ge=
bracht; in beiden Fällen kein Verbrechen, und so konnte ich ihm
meine ungetheilte Hochachtung zollen ob seiner Unterstützung
der katholischen Presse.

Gestern Abend stund ich spät noch am vergitterten Fenster
und schaute hinaus in die stille Abendkühle am See; auf den
„Wellen blinkten tausend schwebende Sterne", auf der weiten
Flur tönte kein Laut, unter mir sang leise ein Mitgefangener,
ein kühler Abendwind drang durch die Gitter — das stimmte
mich einen Augenblick melancholisch, und ich dachte an das
schöne Abendlied Eichendorffs:

> Schweigt der Menschen laute Lust:
> Rauscht die Erde wie in Träumen
> Wunderbar mit allen Bäumen,
> Was dem Herzen kaum bewußt,
> Alte Zeiten, linde Trauer,
> Und es schweifen leise Schauer
> Wetterleuchtend durch die Brust.

Doch mir kommen solche Gefühle, so oft sie kommen, un=
endlich wohlthuend vor; man wird seiner Seele nie mehr inne,
als in solchen Augenblicken, und das ist das Erhebende einer
solchen Stimmung.

Den 19. August.

Mit dem heutigen Tage bin ich sechsunddreißig Jahre alt
geworden und der größte Theil meines Lebens liegt, menschlich
gedacht, hinter mir. Ich soll in vielen Dingen große Aehnlich=
keit haben mit meinem mütterlichen Großvater, und wenn ich
im Lebensalter ihm gleich werden sollte, so wäre meine irdische
Wanderung bald vorüber, denn mein Ahne wurde kaum zehn
Jahre älter als ich jetzt bin. Dieser Großvater hatte im Leben
eine große Gnade, er war der Schüler eines Heiligen, des
Redemptoristen Hofbauer, dessen Heiligsprechung in Rom eben

vorliegt. Hofbauer wirkte zu Anfang dieses Jahrhunderts mit einigen seiner Ordensgenossen an der Wallfahrtskirche in Triberg auf dem Schwarzwalde, wo mein Großvater daheim war. In den Kriegswirren der neunziger Jahre hatte der Knabe seine Eltern und sein Vermögen verloren, und arm und verwaist nahm ihn der Glöckner jener im Schwarzwalde so berühmten Gnadenkapelle zu sich, und er diente den Söhnen des heil. Alfons beim Gottesdienste.

Eines Nachts erwachte der Knabe und glaubte es sei Zeit, die Betglocke zu läuten, springt auf und der Kirche zu und beginnt die Glocke zu ziehen — da treten flüchtig drei schwarze Gestalten aus der Kapelle, schlagen den Kleinen nieder und eilen davon. Es waren Räuber gewesen, die der Knabe beim Raube gestört und vertrieben und erst Mitternacht. Am Morgen fand der Sacristan den armen Jungen ohnmächtig unter den Glocken.

Die frommen Väter nahmen sich nun des Knaben, der so wunderbar die Plünderung verhütet, an und unterrichteten ihn im Latein, um schließlich einen Novizen aus ihm zu machen. Da gelang es dem Drängen der josefinischen Geistlichen der Umgegend und dem Ordinariate in Constanz, die Ligorianer 1806 von der Wallfahrt zu vertreiben, sie zogen zurück nach Oesterreich — mein Großvater aber blieb zurück in seiner Heimath. Aber nun, was beginnen? Sein ganzes Vermögen bestund in 2 Gulden und 36 Kreuzern, die er beim Ministriren von fremden Geistlichen verdient und erübrigt hatte. Da kaufte er für das Geld Wachskerzen und Heiligenbilder, band sie in ein Taschentuch und zog auf die einsamen Waldhöfe, bot seine Waare feil, schlief auf der Ofenbank und aß mit den Bauern. Bald konnte er mit einer Kiste auf dem Rücken, wie jetzt die Krainer und Steiermärker, über den Schwarzwald wandern, und in wenigen Jahren hatte er so viel erworben, um in meiner Heimath ein Haus kaufen und eine Kleinkrämerei treiben zu können. Im „Russenrumpel" machte er Lieferungen an diese und verdiente viel Geld, und als er frühzeitig, in

Folge seiner mühsamen Waldfahrten, starb, war er ein weithin angesehener Kaufmann, der aber nie vergessen hatte, was er den Redemptoristen an Bildung und Erziehung schuldig war.

So hat mir's meine Großmutter oft erzählt und oft die große schwere Kiste und den dornigen Knotenstock des Großvaters, die jetzt noch in der Familie aufbewahrt werden, gezeigt und mich ermahnt, so fleißig und redlich zu werden, wie er.

Zu Anfang dieses Sommers war ich in Triberg und forschte vergeblich in den Taufbüchern nach dem Geburtstag meines braven Ahnen. Dagegen fand ich eine Notiz des Pfarrers Jaeck[1], der später, so viel ich mich entsinne, Domcapitular in Mainz wurde und der sich und die Redemptoristen also lateinisch bezeichnet: „Im Jahre 1802 kam eine maßlose Cohorte von Fanatikern an die Wallfahrtskirche, an ihrer Spitze ein gewisser Hofbauer, von einigen im Volke der heilige Pater genannt."

Muß einen wackeren Domcapitularen abgegeben haben, dieser Herr Jaeck, nur Schade, daß er jetzt nicht mehr lebt, sonst würden ihn unsere Altkatholiken auf den Schild erheben und unsere Liberalen in den Reichstag wählen, und man hätte ihn mit dem Referat über die Austreibung der Jesuiten und Redemptoristen betrauen können!

Nun er war eben ein „Josefiner" und Josef II. schrieb über die Jesuiten (und ihre Affiliirten) nach ihrer Aufhebung an den spanischen Gesandten, früheren Minister und Jesuitenvertreiber, Aranda: „Clemens XIV. hat sich durch Aufhebung der Jesuiten einen dauernden Ruhm erworben; ihr Name wird künftig nur in der Geschichte der Streitigkeiten und des Jansenismus erwähnt werden. Das Synedrium dieser Loyoliten hatte den Ruhm des Ordens, die Ausbreitung seiner Größe und die Finsterniß der übrigen Welt zum ersten Augenmerk seiner Plane gemacht. Ihre Intoleranz war Ursache, daß

---

[1] Er war auch ein Freund des Dichters Peter Hebel, den er mit Schwarzwälder Kirschenwasser versorgte, wie Hebel in einem Dankgedicht selbst berichtet.

Deutschland das Elend des dreißigjährigen Krieges erdulden mußte. Ihre Principien haben die Heinriche von Frankreich um Leben und Krone gebracht und waren Ursache der schändlichen Aufhebung des Edictes von Nantes."

Wir empfehlen dieses brauchbare, bis jetzt, unseres Wissens, noch unbenützte Citat unseren Liberalen im Reichstag und den Staatsanwälten, von denen neulich einer in Constanz im Gerichtssaale eine stündige Rede gegen die Jesuiten that. Es könnte fürwahr kaum Dr. Friedberg so pikant gegen die Jesuiten losziehen, wie hier Josef II.

Seine Mutter, weit größer und geistreicher als ihr Sohn, hatte allerdings eine andere Ansicht, sie äußerte in jener Zeit: „Ich kann den Orden wegen seiner Aufführung in meinen Staaten nur loben und den Eifer und Wandel seiner Mitglieder billigen. Ich halte daher die Existenz dieses Ordens für das Wohl meiner Völker und der Religion für sehr wichtig und werde ihn aufrecht halten und schützen."

Erst als Papst Clemens ihr Gewissen belastete, wenn sie die Aufhebungsbulle nicht vollziehe, ließ sie dieselbe in ihren Staaten verkünden. Wie sehr hat sich die große Kaiserin geehrt durch ihr gerechtes Urtheil gegen die Gesellschaft Jesu, wie durch ihren Gehorsam gegen den heiligen Stuhl!

Josef II. aber hat sich als schlechten Propheten erwiesen, wenn er wähnte, der Name der Jesuiten werde fortan nur in der Geschichte genannt werden. Sie kamen gar bald wieder, um jetzt aus einem großen Theile des deutschen Reiches auf's Neue verbannt zu werden — auf Wiedersehen.

Wie selbst gerecht denkende Protestanten über diese Ordensstürme denken, zeigte vor einiger Zeit ein Artikel der protestantischen „Morning Post" in Newyork, wo es heißt:

„Priesterhetze, Verfolgung friedlicher Ordensleute, denen man nicht das geringste Vergehen nachweisen kann, die vielmehr nach dem Urtheil von Hunderttausenden wegen ihrer seelsorgerlichen Tugenden alles Lob verdienen, gehört zu den wesentlichsten Labsalen des deutschen Liberalismus. Will man das deutsche Volk nach diesem Liberalismus, der eine förmliche Religionsverfolgung heraufbeschworen, beurtheilen, so muß man sagen, es ist trotz aller Siege ein noch heute politisch unreifes Volk."

Nun die Sache der Vertriebenen ruht in besten Händen. Der P. Hergarten in Münster sagt in seinem öffentlichen Proteste hierüber: „Aerger als die ärgsten Verbrecher gemaßregelt, aus unseren Häusern vertrieben, ohne Schutz und ohne Recht jeglicher Willkühr preisgegeben, in unserer bürgerlichen Ehre tief gekränkt, unserem Lebenslauf gewaltsam entrissen, unserer Subsistenzmittel beraubt — legen wir unsere Zukunft mit vollem Vertrauen in die Hände dessen, zu dem die unterdrückte Unschuld noch nie umsonst gefleht hat."

Und wißt Ihr Herren vom deutschen Liberalismus, welches Zeugniß Euch ein italienischer Freigeist und Gesinnungsgenosse, der Professor Sbarbaro in Modena, ausgestellt hat? Der meint:

„Wer mitten im 19. Jahrhundert, im vollen Besitze der Freiheit (?), wo wir Liberalen die Presse, die Rednerbühne, alle jene gewaltigen Pflanzstätten und Werkzeuge der Bildung inne haben, das Uebergewicht des Jesuitismus fürchtet, stellt sich das Zeugniß der Beschränktheit und Feigheit aus." Wo bleibt denn da, Ihr Herren, Euer vielgerühmter „Muth" im Geisterkampfe und Euere „Bildung"?! Doch es hieße mehr als „Eulen nach Athen tragen", wollte man den Liberalismus noch länger an seine bodenlose Inconsequenz und Verlogenheit erinnern.

Den 21. August.

Ich komme heute nochmals auf die Jesuiten zurück, da ich eben in dem Juliheft der „Stimmen aus Maria=Laach" einen Aufsatz gelesen habe, der an das am Schlusse des gestrigen Tages Gesagte anschließt. Der Artikel ist betitelt: „Der Kampf gegen den Liberalismus der Wissenschaft" und geschrieben von dem Jesuitenpater Pesch und zwar ganz vorzüglich geschrieben. Pesch thut dar, daß man ganz entschieden Front machen müsse gegen die vom Liberalismus gebotenen Principien; so fordere es die katholische Wahrheit, die katholische Ehrlichkeit, die Rücksicht auf unsere Zeit und die christliche Nächstenliebe, die Kampfesweise der Liberalen und endlich der Charakter des Christenthums. Was er über die Nothwendigkeit dieses Kampfes zwischen Irrthum und Wahrheit in Bezug auf unsere Zeit und die christliche Nächstenliebe sagt, ist der Art trefflich, daß wir es unseren Lesern, von denen viele die „Stimmen aus Maria-Laach" nicht in die Hand bekommen, nicht vorenthalten können, namentlich nicht den Liberalen, die aus Neugierde, wie es mir im Gefängnisse ergangen, oder aus Denunciationsrücksichten, diese Tagebuchblätter lesen werden.

„Unsere Zeit," schreibt der verbannte Jesuit, „ist liberal und wird mit jedem Tage liberaler. Was will das sagen? Die Grundlagen der menschlichen Gesellschaft sind in zunehmender Auflösung begriffen; das Christenthum, in welchem alle Elemente der Ordnung ihre Wurzeln haben, ist zur Vernichtung verurtheilt und statt seiner soll der Patriotismus und der Militarismus eintreten; die von der Religion getragene Bildung wird beseitigt, und dafür das Volk in confessionslosen Schulen, Kasernen und Zuchthäusern zu nationaler Reife herangezogen. Der „Culturmensch", dieser moderne, verlorene Sohn, redet wohl noch von Wahrheit und Sittlichkeit, aber dieses mitgenommene Erbtheil ist schier aufgezehrt. Man sehe nur in das Leben hinein: die Politik erklärt Heuchelei und Lüge für erlaubt und der einflußreiche Volksvertreter „gründet", indem er Witze reißt über Recht und Gerechtigkeit; die Börsenbarone geben lukullische Gastmähler, welche Hunderttausende kosten, und die stets wachsende Masse der Proletarier ballt zähneknirschend die Fäuste; die Wissenschaft verkündet dem Volke die folgenschwangere Descendenztheorie und die Kunst hilft Religion und Sittlichkeit untergraben; der jede Rücksicht verleugnende Genuß wird glorificirt und die „großen Männer" der Zeit knieen anbetend zu den Füßen der Schauspieldirnen; unwiderstehlich reißen die beiden äußersten Pole die Gesammtheit in zwei Heerlager auseinander und über dem klaffenden Abgrund steht als ein Rest aus alter Zeit das Königthum und erbettelt sich vom Ungeheuer Revolution noch eine Gnadenfrist, indem es ihm die treuesten Freunde in den Rachen wirft; der Kampf zwischen Glauben und Unglauben, jenes „tiefere Thema der Weltgeschichte", beginnt bereits das offen daliegende Thema der Gegenwart zu sein. Und unter so ernsten Verhältnissen sollte entschiedene Parteinahme nicht eine Nothwendigkeit sein?"

Wir begreifen ganz gut, warum die Herren Liberalen mit Männern, die in solch' scharfer und buchstäblich wahrer Weise die liberale Scenerie zu beleuchten verstehen, den Geisterkampf nicht aufnehmen und sie außerhalb Schußlinie setzen. Aber wahr ist deßwegen doch, was P. Pesch hier sagt, und bleibt wahr, auch wenn die Jesuiten in den Mond verbannt worden wären. —

Diesen Morgen besuchte mich auf seiner Runde im Gefängniß der hiesige Amtsarzt, ein freundlicher, alter Herr, dem ich namentlich durch meine Brochüre gegen das Impfen bekannt war, der aber ein entschiedener Vertheidiger der Vaccination ist, wie die meisten Amtsärzte. Wie im Reichstage bereits verlautete, soll nun auch die Zwangsrevaccination eingeführt werden, so daß jeder deutsche Mensch alle zehn Jahre wieder geimpft werden müßte. Diese freiheitliche Errungenschaft fehlt noch im deutschen Reiche. Nicht genug, daß Tausende von Kindern in Folge dieser Jenner'schen Erfindung jährlich sterben oder siech werden, soll auch der Erwachsene, der glücklich der ersten Lanzette entging, von Neuem mit dem Thiergifte von Staats- und Polizeiwegen inficirt werden. So etwas gehört nach China, wo die Leute auf Staatsbefehl sich aufhängen und den Bauch aufschlitzen müssen, aber nicht in's deutsche Reich des Fortschritts und der Bildung.

Ja, wenn es mathematisch gewiß wäre, und alle Mediciner darüber einig, daß die Impfung schütze gegen die Pocken, dann ließe sich der Staatszwang rechtfertigen, nun ist aber die ganze Geschichte eine große Streitfrage unter den medicinischen Auctoritäten und stehen für und gegen fast gleich viele, von denen die Einen, gestützt auf Erfahrung, lehren: Das Impfen schützt — die Anderen ebenfalls nach langjährigen Beobachtungen: es schützt nicht und ist schädlich. Jetzt, wo ist die Wahrheit? Sicherlich nicht im Polizeistock, mit dem man Jung und Alt unter die Lanzette treiben will.

Mir, und um dies einzusehen braucht man nicht Medicin studirt zu haben, gilt ein Hauptgrund gegen das Impfen und der ist folgender:

Im vorigen Jahrhundert grassirte die Pockenseuche nicht nur unter Menschen, sondern auch in hohem Grade unter den Thieren, Pferden, Kühen, Schafen, Hunden ꝛc. — Unter diesen nun ist die Krankheit völlig erloschen, eine pockende Kuh gibt es nur noch in Folge menschlicher Ansteckung, von den übrigen Thieren gar nicht zu reden. Unter der Thierwelt hat die Seuche aufgehört ohne Impfung, unter den Menschen geht sie lustig weiter, weil durch die Vaccination künstlich gepflanzt und geweckt.

Es hat jede epidemische, pestartige Krankheit ihre Zeit, und diese Zeit macht sie durch, trotz aller Medicin, die nur mehr oder weniger heilend, nie vertreibend wirken kann — und dann erlischt sie. So der Aussatz, so die Pest, beide haben jahrhundertelang gewüthet, jetzt sind sie spurlos verschwunden und an ihre Stelle sind Cholera und Typhus — und der Liberalismus getreten. So scheint das Gesetz in der Natur zu sein. Auch die Zeit der Blattern wäre um, wenn nicht die Impfung sie von Arm zu Arm und von Geschlecht zu Geschlecht weiter trüge.

Möchten darum unsere Reichsboten, falls die Zwangsrebaccination einmal auf die Tagesordnung kömmt, wohl und reiflich überlegen, „ne quid detrimenti capiat respublica"[1] —; es handelt sich um das Leben und die Gesundheit eines ganzen, großen Volkes. Tausende von Müttern haben schon die Vaccination verflucht, weil sie ihnen ihre Kinder geraubt, Tausende von Kindern werden Vater und Mutter beweinen,

---

[1] Damit das Gemeinwohl nicht geschädiget werde.

wenn die Zwangsimpfung auch die Eltern wieder unter die Lanzette nimmt.

Ich glaube, daß es trotz vieler gewichtiger Stimmen, zum Zwangsgesetze kommen wird, schon deßhalb, weil unsere liberalen Freiheitshelden eine ungemeine Vorliebe für den Zwang überhaupt haben. —

Die Gesellschaft im Gefängnisse wird anfangs gemischt, indem gestern ein Gendarm ein Weibsbild einlieferte, die so dumm und schlecht war, das Annexiren im Kleinen zu betreiben und jetzt in Untersuchungshaft Studien machen kann über „Mein und Dein" und wenn sie will, auch über das Lied: Was ist des Deutschen Vaterland? Ist's Preußenland 2c. Der Gefangenenstand beträgt nun zur Zeit, meine ultramontane Vaterlandslosigkeit mitgerechnet, neun Personen, acht Herren und die eben genannte „Dame", vorherrschend Diebe und Betrüger, mithin ein ganz „sauberes Collegium" für einen ehrlichen und gebildeten Menschen.

Bei dem Worte „gebildet" fällt mir eine in weiteren Kreisen noch unbekannte, ungedruckte Anecdote ein aus meinem Heimathsstädtchen, die mein seliger Vater oft erzählte: Ein Städtchenphilister, ein Hafner seines Zeichens, den ich selbst noch wohl gekannt, ein Achtundvierziger comme il faut, war wegen Forstfrevels angeklagt und vor Gericht citirt. Als der Beamte ihm sein Reat vorhielt, fing er entrüstet und mit Emphase also zu entgegnen an: „Herr Amtmann, es ist eine höchst betrübende Thatsache für einen sittlich gebildeten Mann, der, wie ich, in der Welt zu leben gelernt hat, wenn ihm hier Dinge zur Sprache gebracht werden, die den Anstrich eines Verbrechens an sich tragen." Diese famose Eingangsrede eines „gebildeten Mannes" kam mir eben in den Sinn, denn ich halte es auch für eine „betrübende Thatsache", hier mit Leuten zusammensitzen zu müssen, die „den Anstrich eines Verbrechens an sich tragen".

Doch wie jener Töpfer trotz seiner sittlich „gebildeten" Rede verurtheilt wurde, so muß ich trotz Ehrlichkeit und Bildung hier bei dem Collegium aushalten, wenn auch mancher draußen denkt:

Freund, es thut mir weh',
Daß ich dich in der Gesellschaft seh'.

Doch sind diese Gefängnißgenossen mit „verbrecherischem Anstrich" in einer Beziehung vielleicht besser als ich — sie können sich noch bekehren, ich aber bin und bleibe dem Liberalismus und seinen Principien gegenüber unverbesserlich und werde nach jeder Gefangenschaft mit dem gleichen Muthe weiter kämpfen für Recht und Wahrheit.

Was eben diese meine „Collegen und Colleginnen" betrifft, bedauere ich nur, daß so selten der Ortsgeistliche von seinem Rechte Gebrauch macht und die Gefangenen besucht; ich bin fest überzeugt, es wäre mit manchem Sträfling noch etwas zu machen und mancher könnte für Glaube und Sitte wieder gewonnen werden unter dem sehr wirksamen Einfluß der Einzelhaft. Ich möchte deßhalb alle meine geistlichen Mitbrüder, in deren Pfarreien Staatsgefängnisse sind, bitten, ja die Gefangenen nicht zu vernachlässigen; im Gefängnisse werden sicher mehr Bekehrungen gemacht, als in sogenannten gebildeten Gesellschaften und in Wirthshäusern.

Unten im Hofe sitzend schrieb ich diese Zeilen, da höre ich auf einmal den Ruf: „Herr Pfarrer!" — von einer Gefängnißzelle herab; als der gleiche Ruf wiederholt ertönte, stund ich auf und schaute hinauf. Oben stund der Untersuchungsgefangene, von dem ich schon wiederholt gesprochen, am Fenster und warf mir eine in Leinwand gewickelte, kleine Papierrolle zu. Ich hob sie auf und las: Es war eine ausführliche Darlegung seiner Sache und schließlich die Bitte, ihm heimlich einen Brief, den er mir, wenn ich damit einverstanden wäre, wieder zuwerfen wolle, an seine Frau, auf die Post zu besorgen. Begründet war sein Wunsch damit, daß er „volles Vertrauen" zu mir habe, wiewohl er mich noch nie gesprochen, und daß er mein „glaubensgetreuer Gesinnungsgenosse" sei! Sein sehr zierlich auf kleine Blättchen geschriebenes Manuscript übergab ich natürlich sofort, in Abwesenheit des Gefangenwärters, dessen Frau und ließ dem „getreuen Gesinnungsgenossen" durch eine Tochter Klausmanns, welche den Arrestanten jeweils das Essen reicht, sagen, daß ich mich auf keine Weise mit ihm einlasse und den Brief in andere Hände gegeben hätte.

Mancher Leser denkt vielleicht, ich hätte dieses kleine Rendezvous verschweigen, d. h. den Brief nicht abgeben sollen, allein es wird jedem ehrlichen Manne leicht begreiflich sein, daß bei einem wegen Betrugs Verhafteten, gänzlich Unbekannten, kein derartiges Verschweigen am Platze gewesen wäre.

Ich hatte Mitleid mit seiner langen Haft, ohne ihn gesehen zu haben, und durch sein häufiges Beten und Weinen glaubte ich an seine Reue. Hat er nun letzteres, sein Gebet und seine Thränen, benützen wollen, um mich zu gewinnen? Ich weiß es nicht, will aber Alles, was ich früher über ihn geschrieben, stehen lassen. Wahrscheinlich wird er von heute an, nicht blos über die „Herren", sondern auch wieder über „die Geistlichen" schimpfen. Der Mann dachte wohl, weil ich als Gegner der Regierung und des liberalen Beamtenthums bekannt bin, so würde ich auch ihm gegen „die Herren" helfen. So kömmt man zu derlei „Gesinnungsgenossen", die vorher aber meist sehr liberal waren.

Kaum war diese Affaire vorüber und ich wieder in meiner Zelle, um sie niederzuschreiben, so rasselten die Schlüssel des Gefangenwärters in der Abtheilung neben mir und eingeführt ward von einem Gendarmen ein neunjähriger Knabe, auf Landstreicherei und mehrfachem Diebstahl ertappt; unter Anderem hatte er auch in einer Kapelle zu Krähenheinstetten, dem Geburtsorte des berühmten Abraham a Sancta Clara, einen Plünderungsversuch gemacht. Ein Bube mit einer wahren Gauner- und Galgenphysiognomie, der bei Zeiten zeigt, was er werden will, ein „Erzschelm", um mit Abraham zu reden, dessen „Landsmann" er übrigens ist, unweit von ihm zu Hause, der Sohn eines Steinklopfers, der über seinen Steinen wohl vergessen hat, seinen hoffnungsvollen Sprößling zu klopfen. Der junge Alexander soll übrigens schon morgen in seine Heimath zurückgeliefert werden, was mir deßhalb nicht unangenehm kömmt, damit der Schlingel, wenn er merkt, daß wir beide hier al pari stehen, nicht bestärkt werde in seinem Lebenswandel — ein weiterer Beleg dafür, wie weise es ist, in Gefängnissen Hallunken jedes Alters und Geschlechtes mit ehrlichen Leuten besserer Stände zusammenzuwerfen. —

Die Verwilderung unserer Jugend nimmt in Folge der neumodischen, liberalen Erziehungsmaxime überhaupt in erschrecklicher Weise zu und tönen Klagen hierüber anfangs auch aus protestantischen Kreisen. Woher diese Erscheinung, speciell im Musterstaate Baden, kömmt, das pfeifen schon längst die Spatzen von den Dächern und brauchen deßhalb wir es hier nicht zu wiederholen, um so weniger, als die Spatzen es ungestraft pfeifen dürfen, unsereiner aber nicht.

Am 23. August.

Um die Mittagszeit kam heute der Amtsrichter mit seinem jungen Actuar und verhörte mich wegen des Vorfalles mit dem Untersuchungsgefangenen, der in der That ein sehr schlaues Individuum sein soll und ähnliche Versuche bereits früher gemacht hat. Hiebei erfuhr ich auch, daß der Mensch vielfach durch solche Zwischenspiele die Untersuchung selbst verlängerte und deßhalb sehr viel an seiner langen Haft schuld ist; an dem Amtsrichter hat er aber jedenfalls einen äußerst gewandten Untersuchungsrichter, der ihm seine Karten bereits klar durchschaut zu haben scheint.

Mich selbst aber verfolgt bis in's Gefängniß das Geschick, beständig mit den Gerichten in Wechselbeziehung zu stehen, bald in eigener, bald in fremder Angelegenheit; nur hat es hier das Angenehme, daß die Justiz sich jeweils zu mir in's Haus verfügt, während ich draußen halbe Tagereisen machen muß, um zum Gerichte zu kommen. Es hat doch auch seine Bequemlichkeit so ein Arrestantenleben!

Ich habe mir vorgenommen heute einmal über die Mauern

des Gefängnisses hinaus, meine Leser in die Stadt Radolfzell zu führen, nicht als ob dieselbe jetzt eine Wichtigkeit im neuen deutschen Reiche bekäme, weil der „Hans am See" in ihr eine Zelle gefunden, sondern, weil das Städtchen im alten deutschen Reiche ein schön Stück Geschichte miterlebt hat, wie sie ihm in Zukunft nicht mehr zu Theil werden wird, und weil es einst einen Gefangenen beherbergte, um dessentwillen es schon genannt werden muß.

Radolfzell verdankt seine Entstehung, wie zahllose Städte und Städtchen der civilisirten Welt, den Mönchen, die jetzt so viel verpönt sind.

Um das Jahr 834 kam Ratold, ein Deutscher, aus dem Geschlechte der Grafen in der Bertoldsbaar, also ein Zähringer, müde des Weltlebens, aus Italien, wo er Bischof von Verona gewesen, zurück und gen Reichenau, wo ihm Abt Hatto auf seine Bitte gestattete, am Ende des See's und am Eingang in den Hegau, eine Zelle zu errichten. Ratold sammelte Brüder um sich, diente Gott und starb um das Jahr 875. „Ratolffus," sagt Gallus Oheim, ein gebürtiger Radolfzeller und bekannter Chronist der Reichenau zu Ende des fünfzehnten Jahrhunderts, „bischoff zu Dietrichsbern, nachdem er ein Zell, nach seinem Namen Rattolffzell genant, und alda 45 jar daran buwen, gestifft und gott dient hatt, ist gestorben anno 875, daselbs vergraben".

Noch heute steht in der alten gothischen Kirche der Stadt das Grabmal Ratolds mit der Umschrift: „Hoc saxo tegitur corpus boni Ratholdi Episcopi Veronensis, qui sub imperatore Ludovico primo et Stefano Papa quarto hic prima fundamenta jecit[1]", und oben auf dem Deckel: „Anno Domini 1538 Jar in der Regierung Kaiser Caroli des V. ward dieß Grab renoviert."

---

[1] Unter diesem Steine ruht der Leib des guten Bischofs Rathold von Verona, der unter Kaiser Ludwig, dem Ersten, und Papst Stefan, dem Vierten, die Stadt gründete.

Durch Ratold kamen wohl auch die Gebeine der am Untersee hochverehrten drei Heiligen, Synesius, Theopontus und Zeno nach Radolfzell; sie sind in einem Reliquienschrein aufbewahrt, der die Form eines Hauses hat, und werden vom Volke deßhalb die „drei Hausherren" genannt.

In der zweiten Hälfte des dreizehnten Jahrhunderts war aus der „Cella Ratoldi" bereits eine Stadt mit Ringmauer und Gräben geworden — im Besitze des nahegelegenen Klosters Reichenau. Kaiser Albrecht I. benützte die Gelegenheit, als gegen Ende des genannten Jahrhunderts Reichenau keinen Abt hatte und der Constanzer Bischof Heinrich von Klingenberg Verweser der Abtei war, und kaufte, wie überhaupt viele Besitzthümer in Schwaben, so auch die Stadt Radolfzell, die jetzt jahrhundertelang unter das Haus Oesterreich kam und alle Leiden und Freuden der österreichischen Vorlande rühmlich theilte. Schon 1358 machten Radolfzeller jenen unglücklichen Zug des Herzogs Albrecht gegen die Glarner mit, wo 400 Schweizer die 6000 österreichischen Truppen schmählich in die Flucht schlugen und bei 1200 Harnische eroberten.

Historisch denkwürdig wurde die Stadt während der Constanzer Kirchenversammlung durch den Aufenthalt des gefangenen Papstes Johann XXIII. Da in unseren Kirchengeschichten dessen kaum gedacht wird, so wollen wir darüber etwas ausführlicher nach Ulrich von Reichenthals ungedruckter, gleichzeitiger Chronik berichten:

Seinem eidlichen Versprechen gemäß, den geflohenen Papst wieder zu Handen der Kirchenversammlung zu bringen, ließ Herzog Friedrich, Johann XXIII. von Freiburg durch drei Bischöfe des Concils unter Geleit des Burggrafen Friedrich von Nürnberg mit 200 Reisigen nach Radolfzell abführen, wo er am 18. Mai 1415 ankam und in strengen Verwahr gelegt wurde. Herzog Friedrich zeigte die Ankunft des Gefangenen dem Concil an mit dem Bemerken, dasselbe möge nun selbst weitere Vorsehung treffen, damit er ihnen nicht entkomme. Auf diese Nachricht wurden gleich andern Tages vier Delegirte, von jeder Nation einer, nach Radolfzell gesandt, um dem Papste zur Aufsicht zu sein. Es waren dies die Bischöfe von Asti, Augsburg und Toulouse, nebst einem Dr. der Theologie aus England. Schon am 25. Mai beschloß die Kirchenversammlung die Absetzung Johann's und sandte ihm fünf Cardinäle, Johann Orsini, Anton von Chalance, Amadeus von Saluzzo, Peter von Cambrai und Franz von Florenz, die ihn davon benachrichtigen sollten. Sie trafen am 27. in Radolfzell ein. Als sie vor dem Papste erschienen, wollten sie ihm den üblichen Fußkuß geben, was aber die drei anwesenden Bischöfe nicht gestatteten; worauf die Cardinäle Johann die Beschwerden des Concils über ihn vortrugen und ihn aufforderten, sich darüber vor der Versammlung zu rechtfertigen. Johann lehnte dies ab und erklärte, sich unbedingt dem Urtheile der Väter in Constanz unterwerfen zu wollen. Jetzt verlangten die Abgesandten von ihm Fischerring und Siegel. Darob ward Johann heftig bestürzt; sein Trotz brach, er fand kaum Worte den Cardinälen zu antworten und schrieb eine demüthige Erklärung an die Kirchenversammlung dahin lautend: „Er wolle sich in Allem ihren Beschlüssen unterwerfen, und wenn es gefordert würde, auch der päpstlichen Würde entsagen, entweder in Constanz, oder an einem andern beliebigen Orte. Nur bitte er um Gottes Barmherzigkeit willen die Väter des Conciliums, seiner Ehre und seiner Person, so wie seines Standes, möglichst, und in so weit es mit dem Frieden der Kirche verträglich sei, zu schonen."

Mit dieser Erklärung kehrten die Cardinäle nach dem nur vier Stunden entfernten Constanz zurück, worauf sofort beschlossen ward, gleich andern Tages dem Papste zu bedeuten, „daß am 29. (Mai) das Urtheil über ihn verkündet werde; wolle er, so könne er hiezu erscheinen." Mit diesem Auftrage kamen am 28. zuerst der Bischof Konrad von Pegau und Johann Broda, Lector zu Ofen, sodann die Notarien Gisler von Bodent und Wilhelm von Porzell nach Radolfzell und erschienen am Nachmittage vor Johann; sie hatten als Zeugen bei sich den Stadtkommandanten Albert von Gorwiz. Der Gefangene erklärte wiederholt seine Bereitwilligkeit, sich dem Ausspruche der Versammlung zu unterwerfen und sobald er denselben erhalten werde, auch auf seine Würde zu verzichten. Als diese erneute Erklärung nach Constanz kam, wurde das Urtheil der Absetzung gegen Johann XXIII. feierlich am 29. Mai in der Kirchenversammlung verkündet und sein Siegel zerbrochen.

Zwei Tage darauf erschienen die obengenannten fünf Cardinäle wieder vor Johann, verkündeten ihm das ergangene Urtheil und forderten ihn zu der Erklärung auf: ob er dawider etwas einzuwenden gedenke, oder nicht?

Balthasar Cossa nahm schweigend das Absetzungsdecret entgegen, durchlas es und bat sich einige Stunden Bedenkzeit aus.

Es war um zwei Uhr Nachmittags, als die Cardinäle wieder gerufen wurden. Da erklärte Johann, daß er den Urtheilsspruch der Kirchenversammlung für gerecht erkenne und ihn billige. Nun legte er die eine Hand auf die Brust und betheuerte, daß er niemals gegen das Urtheil sich beschweren wolle und allen Ansprüchen auf die dreifache Krone entsage. Darum habe er nicht nur bereits am verwichenen Mittwoch Fischerring und Siegel abgegeben, sondern auch das noch allein übrige Pontifikalkreuz aus seinem Gemache wegnehmen lassen. Uebrigens bereue er es, jemals die päpstliche Würde angenommen zu haben; denn von diesem Augenblicke an habe er nie mehr einen guten Tag gehabt.

Diese Erklärung ward von den anwesenden Notarien niedergeschrieben, und der Kirchenversammlung vorgelegt, worauf Balthasar am 3. Juni 1415 von Radolfzell in das zwei Stunden südlicher gelegene Schloß Gottlieben als Gefangener abgeführt und seine ganze Dienerschaft entlassen wurde. Nach kurzer Haft zu Gottlieben übergab ihn der Kaiser Sigismund dem Pfalzgrafen Ludwig zu Rhein in ferneren Gewahr, der ihn auf seinem Schlosse Heidelberg behielt und endlich gegen ein starkes Lösegeld in seine Heimath, Italien, entließ.

So trat Johann XXIII. zu Radolfzell vom Schauplatze

der Geschichte ab und wir müssen gestehen, trotz seines unwürdigen Vorlebens — er ist würdig abgetreten.

Es war eine höchst beklagenswerthe, schwierige Zeit für die römische Kirche, jene Zeit des Constanzer Concil's, eine Zeit tiefer Spaltung im eigenen Innern, und doch hat diese Kirche auch jene Gefahren glücklich überwunden. Die heutigen Kämpfe sind ihr bei Weitem nicht so gefährlich, wie das dreifache Papstthum zu Anfang des fünfzehnten Jahrhunderts, heute stehen die Feinde draußen, die Kirche aber ist innerlich geeint, wie fast nie — und das wird ihr großer Sieg sein in unseren Tagen. —

Schlimmeres Loos als Johann XXIII. traf den Herzog Friedrich, er wurde geächtet, damit der stets Geld bedürftige und verpfändsüchtige Sigismund auf des jungen Habsburgers Besitzungen greifen konnte. So kam auch Radolfzell, wie andere Städte der Umgegend, gegen Geld an das Reich und wurde Reichsstadt.

Als solche leistete sie mit den übrigen Reichsstädten am See Zuzug gegen die Hussiten in den Jahren 1422 und 1431; auch dem großen schwäbischen Städtebund war „Zelle am See" bereits früher beigetreten. 1441 that sie den benachbarten Reichsstädten an dem Zug derselben gegen verschiedene Ritter des Hegaus, die von ihren Burgen herab und zur See großes Kaufmannsgut der Ulmer und anderer Handelsstädte niedergelegt und auf die Burg Hohenhöwen, deren Ruinen heute noch gen Radolfzell herschauen, geflüchtet hatten — wichtige Dienste und bildete den Operationspunkt der Städter. 1454, als ein Oesterreicher, Friedrich III., Kaiser geworden und lange darauf hingedrängt hatte, trat Radolfzell wieder vom Reiche ab und unter österreichische Herrschaft.

Auch der Sitz eines Bischofs ward die Stadt einige Zeit lang. Als nach der doppelten Wahl des Otto von Sonnenberg und Ludwig von Freiburg, für welch letztern der Papst Sixtus IV. sich erklärt hatte — Bischof Ludwig gegen den vom Kaiser Friedrich unterstützten Sonnenberg sich in Constanz nicht mehr halten konnte, zog er im Januar 1475 mit dem ihm günstigen Theile des Domcapitels nach Zell. Er blieb bis 1479 daselbst, wo der Streit durch einen päpstlichen Legaten, und da der Kaiser nicht nachgab, beigelegt wurde zu Gunsten Otto's von Sonnenberg, aus dem Geschlechte der Truchsesse von Waldburg. Ludwig sollte zwar ein anderes Bisthum erhalten, bekam aber nur die Abtei St. Georgen in Tyrol, die er nie sah, da er 1480 zu Rom starb.

Im Bauernkrieg machte Radolfzell eine schwere Belagerung von Seite der empörten Bauern durch, die erst beim Heranziehen des Truchsessen Jörg von Waldburg abzogen. Während des Reformationssturmes am See predigte der in Constanz vertriebene, bekannte Dominicanermönch Anton Pirata dem Volke jeden Sonntag in dem treugebliebenen Zell gegen die Constanzer Reformation.

Zu Ende des sechszehnten Jahrhunderts zog die Universität Freiburg nach unserer Seestadt. Als nämlich 1576 in Freiburg eine pestartige Krankheit ausgebrochen war und die Studenten deßhalb nicht mehr bleiben wollten, schickten die Professoren den Syndikus nach Radolfzell, Villingen und Constanz, um Aufnahme und Räumlichkeiten nachzusuchen. Da er in Radolfzell am bereitwilligsten Gehör gefunden, zogen im November alle unverehelichten Lehrer und die meisten Studenten an den See, unter Führung des rühmlich bekannten Jakobus Lorichius, Doctor der Theologie. Im Mai 1577 ließ die Seuche nach und Professoren und Studenten wurden wieder nach Freiburg zurückberufen. Fünfzehn Academiker waren in dieser Zeit immatriculirt worden, darunter ein „Otto de Conthrey, nobilis parisiensis et dioecesis ejusdem clericus."

Als katholische und österreichische Stadt ward Radolfzell in alle Greuel des Schwedenkrieges und in die Kriegsläufte des spanischen und später des österreichischen Erbfolgekrieges verwickelt; in letzterem mußte es einige Zeit eine französische Garnison aufnehmen und dem Kurfürsten von Bayern als Karl VII. vorübergehend huldigen.

Die Schlacht bei Austerlitz 1805 und der auf sie folgende Friede von Preßburg trennten die alten Vorlande vom Hause Habsburg nach langer, glücklicher Herrschaft ab; unser Zell kam bis 1809 unter württembergische Hoheit und wurde dann badisch, was es heute noch ist, sonst könnte ich nicht als badischer Strafgefangener hier fungiren. Die alt=österreichische Stadt beherbergt zur Zeit meist preußische und maßbürgerlich liberale Elemente; aber auch ein katholischer Männerverein, und Druck und Redaction „der freien Stimme am See" haben hier ihren ultramontanen Sitz, nebst sonstigen Sitzungslocalen für Leute meines „Gelichters".

So viel kurz über die Vergangenheit meiner „Residenz= stadt"; ob ihre Zukunft auch so thatenreich sein wird, wie die Vorzeit, möchten wir bezweifeln, da das Städtchen überhaupt seine Bedeutung schon längst verloren hat und im Lande Baden in's Besondere keine großen Rollen mehr zu spielen sind. Wenn es aber gilt irgend einen liberalen oder kirchlichen Spectakel aufzuführen am Bodensee, so hat Constanz ein bewährtes Vor= recht und Radolfzell muß da bescheiden zurücktreten.

Den 25. August.

Endlich ist eine Antwort auf meine beim Justizministerium eingereichte Beschwerde und auf die Bitte, mir vom 30. d. M. bis zum 3. September Strafunterbrechung zu gestatten, da der hochw. Herr Bischof von Kübel in meiner Pfarrei am 2. Sept. die kleine Firmung ertheilen wird, eingetroffen und zwar in allen Punkten verneinend. Die Verfügung der Strafkammer Constanz wurde bestätigt und ein Urlaub nicht gewährt, da man sich früher hätte mit der kirchlichen Behörde in's Einver= nehmen setzen und die Firmzeit darnach einrichten können[1]). So verlas mir eben der Oberamtsrichter.

---

1) Ist übrigens geschehen, meine Herren, allein es war nicht zu ändern, da wegen einer Gefängnißstrafe nicht eine lange Firmungs= reise abgeändert werden kann; eher wäre ein breitägiger Urlaub ge= währbar gewesen!

Gewöhnlich haben Strafunterbrechungen keinen Anstand und sind im hiesigen Gefängnisse, wie überall, schon oft vorgekommen, mich aber behält man; Besuche zu empfangen kann die Aufsichtsbehörde jedem Strafgefangenen gestatten, mir wird nur in dringenden Fällen jemand zugeführt; vor einigen Jahren war hier ein Millionär wegen eines gemeinen Verbrechens eingesperrt, wegen Krankheitsumständen ließ man ihn im Freien unter Begleitung des Gefangenwärters spazieren gehen; ich habe kein entehrendes Verbrechen begangen, bin kein Millionär, wohl aber ein gemeiner Ultramontaner und leidend — mich läßt man nicht über die Mauern des Gefängnisses hinaus. Und warum nicht? Lieber Leser, sei so gut, und gib dir die Antwort selber. —

Ich beginne immer mehr von meiner Staatsgefährlichkeit überzeugt zu werden und davon, daß „die Göttin mit der Binde" mir keine Gunst erweisen will. Doch das bekannte Lied sagt ja schon:

> Wem Gott will eine Gunst erweisen,
> Den schickt er in die weite Welt.

Gefängnisse mit ihren engen Zellen sind das Gegentheil von „der weiten Welt", und ein Ultramontaner, wenn er eingesperrt wird, darf kühnlich mit Dante beim Hölleneingang sagen:

> Laß' fahren jede Hoffnung, der du hier eingehst.

Doch ich muß gestehen, daß meine Hoffnung nie groß war; nach dem, was vorhergegangen, konnte ich leicht auf Kommendes schließen.

> Lieb Vaterland magst ruhig sein,
> Auf drei Tag' kommt er noch nicht heim.

Es ist ganz merkwürdig, wie einem in der Gefangenschaft die Gemüthsruhe durch die stete körperliche und geistige Muße wächst, so daß die Entscheidung, daß ich unausgesetzt hier auszuhalten habe und die schöne Feier in meiner Pfarrgemeinde nicht mitmachen darf, auch nicht einen Augenblick mein Inneres aufgeregt hat. Freilich habe ich seit Jahren gelernt, Manches, was ehedem mich in Harnisch gebracht, „kühl bis an's Herz hinan", an mich heran kommen zu lassen. Der hochw. Herr Bischof weiß ebenfalls, was derlei Dinge zu bedeuten haben, selbst wenn die „Constanzerin" nicht auf den Gedanken verfallen sollte, es wäre wieder in Wahlen gemacht worden, wenn ich heimgekommen; und die vielen braven Hagnauer werden ob der Freude ihren Oberhirten zum erstenmale in ihrem Seedörfchen begrüßen zu dürfen, meine Abwesenheit verschmerzen.

Also ungebeugten, heiteren Muthes weiter gesessen; möge der liebe Gott nur mir die Gnade geben, meine angegriffene Gesundheit, wenigstens so wie sie jetzt ist, zu erhalten bis zum Tage der Freiheit! —

In den letzten Tagen wurde das „Collegium" wieder vermehrt, indem in meine Nachbarschaft eine weitere „Dame" und ein Jude eingezogen sind, so daß jetzt bald alle Stände, Alter, Geschlechter und Confessionen vertreten sein werden.

Der Hebräer scheint ein strenger Mosaist zu sein, da er sich standhaft weigerte, andere als „koschere" Nahrung zu genießen und Hunger litt, bis ihm auf seine Kosten sein Wunsch erfüllt wurde. Die Thora des deutschen Reiches, das Strafgesetzbuch, dürfte ihm jedoch weniger gelten, als das Gesetz Mosis, da er in Untersuchungshaft genommen werden mußte wegen dringenden Verdachtes, selbst nicht ganz „koscher" dem Silber eines Christen gegenüber gewesen zu sein.

Man muß übrigens vor dem größeren Theil der Juden, namentlich der älteren Generation, Achtung haben, wie strenge sie ihre alttestamentlichen Gebote, namentlich die Speiseverordnungen, halten, und wie sie dadurch Tausende von Christen beschämen in ihrer Nichtbeachtung und Verhöhnung der kirchlichen Fastengebote. Freilich hält „Jungisraël" gleichen Schritt mit diesen Leuten und übertrifft sie noch vielfach, namentlich an Haß gegen die katholische Kirche, durch den sich vorzugsweise die jüdischen „Sauhirten" auszeichnen. Ja dieses Judenthum in der Presse ist ein Hauptfactor für unsere Felsenstürmer; denn

Judas schwingt stets den Beutel und führt die Feder, so oft es gegen Rom geht, und der Haß gegen „den Nazarener" ist diesem Volke geblieben seit Golgatha, aber auch sein Fluch, zerstreut zu werden nach allen Winden und aufzuhören eine Nation zu sein.

Und fürwahr, was ist aus diesem „auserwählten Volke Gottes", das einst eine ruhmreiche, in der Geschichte der Menschheit höchst bedeutende Rolle gespielt, geworden, seitdem die Weissagung des Heilandes über Jerusalem sich erfüllt hat? „Unstät und flüchtig" irrt es unter anderen Nationen umher, international im eigentlichsten Sinne des Wortes; das Blut des zur Kreuzigung Geführten ist „über es gekommen und über seine Kinder". Doch bei diesem Leben in der Diaspora aller Länder der Erde haben die Juden stets sich bewährt als „Patrioten" in dem heutigen liberalen Sinne. Wo die Gewalt, da hat sich allezeit der Patriotismus des Juden hingewendet, und das Geschrei des Pöbels von Jerusalem „non habemus regem, nisi Caesarem"[1]), gilt heute noch als Parole vieler christlicher und jüdischer Patrioten im liberalen Löwengewande; auch die Drohung der Pharisäer gegen Pilatus: „Du bist kein Freund des Kaisers," ist eine in liberalen Kreisen sehr beliebte Formel geworden.

„Praktische Patrioten" könnte man die Juden nennen, sie rufen heute „Hosanna", dem, der die Gewalt übt, und morgen das „Kreuzige ihn", wenn er seine Macht verliert und dem Hause Israël weder mehr nützen noch schaden kann. Solche Charakterpatrioten gibt es aber auch zahllose, außerhalb der zwölf Stämme, namentlich unter unseren Liberalen. Wie haben diese Leute den dritten Napoleon angesungen, angedichtet, angeschrieben und angebettelt — und nach Sedan kam ihre Entrüstung über den „Frevler", der „in so frivoler Weise das deutsche Schwert herausgefordert hat". Welch' schöne Phrase!

Wenn ich oben zu meinem Zellenfenster hinausschaue den

---

[1]) Wir haben keinen anderen Fürsten, als den Kaiser.

See hinauf, so liegt hell und klar vor mir am jenseitigen Ufer das Schloß Arenenberg, wo vor Kurzem noch die ehemals gefeiertste Fürstin Europa's mit ihrem Sohne einige Tage ihrer Verbannung zubrachte. Wollte sie vielleicht, da wo Hortense einst mit ihrem aussichtslosen Louis gelebt, historische Erinnerungen wecken für die Zukunft ihres Prinzen?

Und so hoffnungslos im jetzigen Augenblicke auch die Aspecten des Napoleoniden sind, gänzlich halten wir seine Sache keineswegs für verloren; wenn man die Geschichte Frankreichs in den letzten siebenzig Jahren durchgeht, so ist nach Chambord, Orleans und Gambetta, oder umgekehrt, immer wieder ein Napoleon möglich im Lande der politischen Wechselbälge jenseits der Vogesen.

Am 28. August.

Gestern waren der Verwalter meiner Pfarrei und der Bürgermeister hier; die Nachricht, daß ich zur Firmungsfeier nicht nach Hause dürfe, hatte sie eilig hierhergetrieben. Sie glaubten mich ganz niedergeschlagen zu finden und waren sehr erstaunt, mich heiter und besten Muthes zu treffen. Zum Glücke habe ich einen geistlichen Stellvertreter, der mit größtem Eifer das richtige Geschick für solche Festlichkeiten besitzt; die Gemeinde wird bei der Feierlichkeit durch den wackeren Bürgermeister auf's Beste repräsentirt sein, und im Hause sorgt meine nur allzu ängstlich besorgte Schwester für das Uebrige. So wird trotz ministerieller Verordnung die Sache ihren würdigen Gang gehen, und wird man sich auf keiner Seite das Fest trüben lassen durch einen Machtspruch gegen einen Gefangenen.

Mit den nöthigen Dispositionen versehen und froh, mich so ungestörten Humors getroffen zu haben, kehrten die beiden Herren heim, der einzige Besuch in dieser Woche. Ueberhaupt wurden seit der Verschärfung bis jetzt nur fünf Personen zu mir gelassen, und ich muß offen gestehen, es hat jene Maßregel auf meine Gesundheit eher vortheilhaft gewirkt, denn ich finde, so oft ich mit Jemanden gesprochen habe, meine Kopfnerven viel angegriffener als zuvor. Wie wäre es gegangen, wenn ich täglich Besuche und darunter meine halbe Pfarrei hätte empfangen können? So hat denn auch jenes liebenswürdige Präsent der Constanzer Strafkammer sein Gutes; ein Grund weiter mich darüber nicht zu ärgern. —

Als ich in Rastatt saß, war in meinem Zimmer, wie sich die Leser meiner Festungsgedanken vielleicht noch erinnern, ein Mäuslein mein trauter Gefährte, weil auch zu der „im Finstern schleichenden Partei" gehörend; hier nun ist es eine mächtige Spinne, die mit mir die Zelle bewohnt. Dieses Thierchen sitzt den ganzen Tag ohne die geringste Bewegung an der kahlen Wand, ohne Gewebe, und nur Nachts geht es scheint's auf Raub aus, schleicht also auch im Finstern. Ganz auffallender Weise treffe ich dasselbe oft am Morgen auf meinem Manuscript sitzend und dann schleunigst sich entfernen, sobald ich nahe. Studirt es vielleicht während der Nacht mein Concept und freut sich der ultramontanen Gedanken und ist somit eine von den „römischen Kreuzspinnen", die bisweilen in liberalen Blättern genannt werden? Mich soll's nicht wundern, wenn in unserer Zeit selbst die Thiere politisiren und

Die Spinne an der Wand
Denkt an das Vaterland —

denn wenn der Liberalismus noch lange so fort existirt, so müssen noch „die Vögel in der Luft und die Thiere des Feldes" Farbe bekennen und liberal werden; und da die Liberalen bereits unserem „Herrgott" Gesetze vorschreiben, so werden sie als „die Herren der Erde" auch mit dem Thierreich fertig werden.

Müßte gar nicht so übel sein, wenn einmal die Vögel auf den Bäumen sängen: „Ich bin ein Preuße, kennt ihr meine Farben," und die Frösche im Sumpfe quakten: „Wir sitzen so fröhlich beisammen und haben einander so lieb," und die Spatzen auf den Dächern pfiffen: „Was ist des Deutschen Vaterland?", und die Hunde heulten: „O du lieber Augustin," und die Esel gahten: „Freund, ich bin zufrieden, geh' es, wie es will."

Was würde heute Platen sagen, der im Jahre 1820 zu Anfang des Liberalismus sang?:

  Konnt' ich doch sonst mich auferbauen,
  Den lust'gen Lauf der Welt beschauen,
  Nun hör' ich die politischen Schellen
  Mir ewig vor den Ohren gellen.
  Das Kleinste seh' ich zu Höchst sich schwingen,
  Als wolle der Staat die Welt verschlingen!

  Zwar dachte man an all' das nie
  Zur Zeit der alten Despotie,
  Doch sind wir sonstige Sklavenhorden
  Auf einmal liberal geworden,
  Und wissen in unserm Volksverein
  Vor Freiheit weder aus noch ein.

  O würde, was da lebt und handelt,
  In eine Papierfabrik verwandelt,
  Und der Vogel, der in den Lüften segelt,
  Nach Theorien des Staats geregelt.

  Doch was die Zeit uns auch verspricht,
  Natur! versiege du nur nicht,
  Du Mächtige, Mannigfache, Reiche,
  Versinke nicht in's flache Gleiche!

  Denn du hast niemals mitbeschworen
  Den Aberwitz beschränkter Thoren,
  Du strebtest nie, daß Eins wie's Andere,
  Und gönnst, daß jeder in Frieden wand're.

  Den Weisen hüllst du in dein Licht,
  Und gibst dem Schaf ein Schafsgesicht;
  Der Mittelmäßigkeit Gewühle
  Reibst du zu Staub auf deiner Mühle. —

Heute genoß ich ein kleines Vergnügen: Ich hatte gestern drei Postkarten lateinisch geschrieben und sie dem Gefangen=

wärter zur Controlle beim Amtsgericht übergeben. Am Abend kam Klausmann mit diesen Karten zurück, sie müßten anders und deutsch geschrieben werden, da etwas „vom Gefängniß" darin stünde. Zwei dieser Correspondenzen waren an geistliche Freunde in Württemberg gerichtet, die mir früher den Wunsch ausgedrückt hatten, bei Gelegenheit der Hagnauer Firmung den Herrn Bischof von Kübel kennen zu lernen und denen ich jetzt mittheilte, daß der hochw. Herr am 2. Sept. in Hagnau sein werde, ich aber nicht, da man mir nicht erlaubt hätte, für drei Tage das Gefängniß zu verlassen; in der dritten Karte war ein am See sich aufhaltender Geistlicher, der auch als Schriftsteller bekannte Repetitor Dr. Schmitt, gebeten, da ich nicht kommen könnte, in meiner Pfarrgemeinde beim Empfange des Bischofs mich etwas zu vertreten. Datirt waren diese Schreiben „in carceribus" (im Gefängnisse). Das Latein auf dem Amtsgericht beschränkte sich nun, wie bei Gerichten zu erwarten, auf das Wort „carcer und carceribus" und da bereits ein Artikel im Beobachter mit dem Datum: „Im Amtsgefängnisse zu Radolfzell" Gegenstand von kreisgerichtlichen Recherchen gewesen war, so wollte der gewissenhafte Beamte die Karten nicht passiren lassen. Ich aber gab sie diesen Morgen dem Gefängnißwärter wieder mit und bestand darauf, da die Post in jeder Sprache Correspondenzen aufnehme, daß sie abgesendet oder dem Kreisgerichte zur Untersuchung vorgelegt werden sollten, ließ aber den „staatsgefährlichen" Inhalt andeuten. Wo sie nun hingewandert, weiß ich nicht, weiß auch nicht, ob der Untersuchungsrichter in Constanz so viel Latein noch besitzt, oder ob ein beeidigter Dollmetscher gerufen werden muß; so viel aber ist gewiß, daß mich die Sache sehr heiter gestimmt hat.

Geistliches Staatsexamen, das du ja auch im Latein prüfst, breite doch deine lehrenden Flügel auch über andere Menschenkinder aus und nicht blos über uns unwissende „Römlinge"!

Als ich gegen Abend mich im Hofe erging, brachten zwei Gendarmen abermals einen Collegen, der im benachbarten

Amtsgefängnisse Stockach ausgebrochen und nun wieder ein=
gefangen worden war. Der Kerl ist der Bruder einer der
„Damen", die hier sitzen, so daß dieses „noble Geschwisterpaar"
nun unter einem Dache wohnt; beide sind übrigens alte
Stammgäste im „Hotel Klausmann", aus dem sie sich nicht
vertreiben lassen. Wenn der gefährliche Mensch nur nicht hier
auch ausbricht und im Vorbeigehen — er logirt nicht zehn
Schritte von mir — bei mir einkehrt und nach Reisegeld
frägt, wozu er schon als „College" Anspruch zu haben glau=
ben könnte.

Den 30. August.

Der Hebräer, von dem ich oben gesprochen, war ein un=
schuldig verhafteter Ehrenmann und wurde deßhalb heute seiner
Zelle entlassen. Gestern Abend hörte ich ihn weinen und er=
fuhr, daß er es so schmerzlich empfinde, am Sabbathe nicht zu
Hause zu sein und seinen religiösen Pflichten im Kreise seiner
bekümmerten Familie nachkommen zu können. Daß der Mann,
welcher bei seinem Abgehen kein Geld anrührte und sich's vom
Gefangenwärter in die Tasche stecken ließ, um das Gebot des
Sabbaths nicht zu übertreten, so gewissenhaft seine religiöse
Pflicht erfüllt, ehrt ihn in meinen Augen hoch; ich reichte ihm
zum Abschied die Hand und gratulirte zu seiner Unschuld. Er
dankte thränenden Auges und eilte freudig der Heimath zu.
Wer entschädigt nun den Unschuldigen und sein Weib und
Kinder für all die Qualen, die er und diese seit acht Tagen
ausgestanden haben?

Der eben in Hannover versammelte Juristentag soll sich ja
mit dieser Entschädigungsfrage beschäftigen, die jedenfalls ein
passenderes Thema ist, als die von Friedberg, Schulte und
Compagnie sonst beliebten Thesen. Daß Dr. Friedberg auch
diesmal wieder zum Präsidenten erklärt wurde, finden wir
ganz am Platze, denn er ist offenbar der würdigste Repräsen=
tant des modernen Rechts und weiß seiner Rechtsanschauung
auch die rechte Geisteskraft einzuhauchen — durch den Polizeistock. —

Es regnet heute; ich konnte meinen gewöhnlichen Gänsemarsch um das Gefängniß herum nicht ausführen und begab mich in das Holzhaus, um durch Holzspalten die abgehende Bewegung zu ersetzen. An der Säge arbeitete ein Strafgefangener aus dem gleichen Amtsbezirk Ueberlingen, wie ich; zu sechs Wochen verurtheilt, wie er selbst erzählt, wegen Unterschlagung von Geld. Da ich auch schon wegen Defraudation in Untersuchung stund, so durfte ich den Menschen nicht so verächtlich ansehen und machte deßhalb friedlich neben ihm mein Holz. Damit aber meine Leser nicht irre werden und auf die Vermuthung kommen, ich sei nicht in der unrechten Gesellschaft hier, wenn ich schon wegen „Unterschlagung" in Anklage gestanden, so muß ich die Geschichte erzählen:

Der Kirchenfond meiner Pfarrei ist, in Folge früherer schlechter Verwaltung, ohne hinreichende Mittel, um alle Ausgaben bestreiten zu können. So oft nun eine bedeutende Anschaffung in die Kirche nothwendig wurde, haben meine Vorgänger in der Pfarrei in guten Weinjahren bei den Bürgern Wein sammeln lassen, um Gott zu Ehren die Kirche würdig ausschmücken zu können. So auch ich im Jahre 1870. Die Sammlung ward von der Kanzel verkündet, die Rebleute gaben freudig und der Wein ward im Pfarrkeller gelagert bis zum Verkauf. Eines Tages nun erhalte ich auf liberale Denunciation eine Vorladung zum Steueramte, um mich wegen Weinaccisdefraudation zu verantworten. Da vorher nie ein Accis bezahlt und auch nie eine Anzeige gemacht worden war, so hatte auch ich nach sorgfältiger Erkundigung beides unterlassen, fühlte mich deßhalb unschuldig, erschien zur Vorladung nicht, erklärte aber schriftlich, daß man mich vor Gericht belangen möge. Dies geschah; aber ich wurde — gänzlich freigesprochen, das erste und einzige Mal, seitdem ich verklagt werde. Nun sollte der Kirchenfond den einfachen Accis bezahlen, aber auch der ward auf eine Bittschrift beim Finanzministerium nachgelassen. Vielen Leuten war die Freude verdorben und mir kam die Sache insofern nicht unangenehm, als dadurch meine Acten vervollständigt wurden, indem jetzt bei allen Ministerien Anklagen gegen mich in den Registraturen liegen zum späteren Zeugnisse, wie sehr man mich in unseren liberalen Tagen überwacht hat.

Ich könnte noch von vielen solchen Fahrten auf Aemter und Amtsgerichte erzählen, vom Majestätsverbrechen bis herab zu einer simplen Hundsgeschichte, von Schöffengerichten und nächtlichen Rendezvous mit gewesenen Schöffen im Walde, bei Mondschein und Decemberschnee, von todten und lebendigen Denuncianten, von Staatsanwälten und Kreisgerichtsräthen, von Gendarmen und Amtsmännern, allein —

> Gefährlich ist's den Leu zu wecken,
> Verderblich ist des Tigers Zahn —

und gegen unsereinen haben gewisse Menschen heut zu Tag einen wahren Löwenmuth und Tigerzähne, während sie sonst auf dem Bauche kriechen und Staub fressen. Auch gilt bei uns der Codex Theodosianus nicht, sondern das Strafgesetzbuch des deutschen Reiches.

Im Codex Theodosianus steht nämlich folgendes merkwürdige Edict des Kaisers Constantin, an dessen Hof die „Byzantiner", die Ahnen der Wedler und Staubfresser unserer Tage einst gelebt und gewedelt haben.

Der genannte Kaiser verordnete also:

„Wer immer gegen einen meiner Richter, Staatsbeamten, Freunde oder Hofleute in Wahrheit beweisen zu können glaubt, daß sie ihr Amt nicht unparteiisch und nach Recht und Gerechtigkeit ausgeübt haben, der trete unverzagt und zuversichtlich vor mich hin; ich selbst werde alles anhören und untersuchen und, wenn es sich als wahr herausstellt, werde ich selbst dem seine Strafe schöpfen, der mich bisher durch erheuchelte Ehrlichkeit getäuscht hat; denjenigen aber, der mir die Sache kund gemacht und bewiesen, werde ich mit Aemtern und Gütern ausstatten. Dies geschehe, so wahr mir die höchste Gottheit gnädig sei."

Wenn der Hof von Byzanz unter diesem Constantin noch existirte, würde ich mir auch getrauen, ein kleines Staatsämtle nebst etwas Vermögen herauszubringen, in unserer Zeit aber wollen andere Menschen an uns Ultramontanen „rothe Höslein" verdienen und es gelingt ihnen auch vielfach. Ein „Lasker" aber wäre im alten Byzanz offenbar Handelsminister und Chef der sämmtlichen Verkehrsanstalten nebst reicher Dotation geworden. Es ist eben doch nicht ganz in Ordnung, daß die rechten Leute vielfach nicht zur rechten Zeit leben; „Byzantiner" gibt es zwar in Hülle und Fülle, aber das Byzanz dieser Leute liegt jetzt nicht mehr am Bosporus, sondern an der Spree und aus dem Codex Theodosianus ist auch etwas anderes geworden, das mich, eben weil jenes Edict Constantins darin fehlt, zwingt, weitere Anspielungen zu unterlassen und mich in das Gefühl meiner ultramontanen Ohnmacht zurückzuziehen. —

Die Zelle, welche diesen Morgen der koschere Hebräer verlassen, ist bereits wieder besetzt, so gut verlauft die heurige Saison im Hotel Klausmann. Ein Mädchen von achtzehn Jahren hatte ihrem Dienstherrn, einem Bauern, seine Kasse entführt und sich hier mit Goldwaaren und verschiedenen Luxusartikeln versehen, nicht ahnend, daß sie so nahe sei einem „Hotel garni" für Diebe, Ultramontane und andere Sünder. Die Diener der Gerechtigkeit, sonst Gendarmen genannt, vom Bestohlenen avisirt, ergriffen „das Mädchen aus der Fremde", und führten sie — nicht in's „Thal zu frommen Hirten", sondern drei Stock hoch unter die Zinnen eines Amtsgefängnisses, in die Nachbarschaft eines vaterlandslosen Römer's.

Den 1. September.

Ein neuer Monat beginnt heute seinen Lauf und ich nehme Abschied von den verflossenen einunddreißig Tagen einsamer Haft. Sie sind rasch dahingegangen und haben mich schnell zugeführt dem nahenden Ende meiner Gefangenschaft. Ich habe empfunden, daß Einsamkeit wohl thut und von Zeit zu Zeit jedem Sterblichen, wenn auch auf andere Art, zu gönnen wäre:

Denn lernen leben in Gesellschaft wir,
Ist Einsamkeit es, die uns lehrt sterben,

sagt schon Byron so trefflich. Ja die Einsamkeit sie gibt uns uns selbst zurück, und unsere Seele athmet freier, auch in enger Zelle, wenn die Welt und ihre Gestalten von uns zurücktreten. Es ist darum volle, ernste Wahrheit, wenn ich sage, die Einsamkeit ist mir lieb geworden und ich fühle in mir recht oft eine Ahnung von dem, was jene großen Geister und jene weltverachtenden Männer in den ersten Jahrhunderten des Christenthums zu Tausenden hinaustrieb in die ägyptische Wüste, um dort in Einsamkeit ihr Leben hinzubringen. Noch im Mittelalter finden wir jenen eigenthümlichen Zug, nach thatenreichem Leben in einsamer Klosterzelle seine Tage zu beschließen, und einer der größten Kaiser des heiligen römischen Reiches deutscher Nation endete so sein Leben in den Mauern von St. Just. Schon unter den Heiden finden wir dieses Gefühl, wenigstens am Schlusse seiner Tage, sich selbst wieder anzugehören, wenn Plinius einmal sagt:

Prima vitae tempora et media, patriae; extrema nobis impertire debemus[1]).

In unseren Tagen ist das nicht mehr Mode, es gälte in „gebildeten" Kreisen für Verrücktheit, mindestens für ultramontane Schwärmerei und mittelalterliches Beschränktsein. „Essen, trinken und lustig sein," so lange der Athem hält, das ist die Parole unserer Neuheiden, die hierin die alten noch übertreffen. „Jene Ritter des Mittelalters," sagen sie, „wollten ihre Blut- und Raubthaten sühnen in den Klöstern; wir haben das nicht nöthig, wir ehrlichen Leute." Jene raub- und blutdürstigen Ritter, die ihr Leben in den Zellen beschlossen, haben für das deutsche Reich mehr gethan und ihm mehr Ruhm durch tapfere Thaten zugebracht und den Glanz des deutschen Namens viel weiter getragen, als eine ganze „Milliarde" unserer heutigen

---

[1]) Die ersten Zeiten und Kräfte des Lebens sollen wir dem öffentlichen Leben, die letzten uns selbst widmen.

liberalen, mastbürgerlichen Schreier, diese Ritter von der „traurigen Gestalt". Die Raubritter vom Fach gingen im Mittelalter aber auch nicht in die Klöster, so wenig als heute unsere „Gründer"; die in die Zellen damals gingen, waren aber ihrer größten Zahl nach Männer von der eben genannten milliardenfachen sittlichen und thatkräftigen Ueberlegenheit.

Das bleibt jedenfalls wahr: einem denkenden Menschen wird die Zurückgezogenheit von der Außenwelt, sei sie nun eine freiwillige oder aufgezwungene, nie eine Qual, sondern eine Erholung sein. Ich bin nun in der fünften Woche eingesperrt, kann nur eine Stunde täglich in Zwischenräumen schreiben und eine halbe Stunde lesen, da mein kranker Kopf nicht mehr erlaubt, und doch habe ich noch nicht eine Secunde das empfunden, was man „Langweile" nennt; ja die Zeit ist mir viel schneller verflossen, als vor drei Jahren auf der Festung, wo ich gebildete Collegen und zahlreiche Besuche hatte. Ich finde aber auch, daß je einförmiger und regelmäßiger ein Tag um den andern verläuft, um so rascher die Zeit vergeht; und je mehr man Abwechslung, Unterhaltung, Gesellschaft ꝛc. mitmacht, um so langsamer kömmt einem der Gang der Zeit vor, weil mehr Haltpunkte da sind, um ihn daran zu messen.

Doch fehlt es mir nie ganz an Abwechslung, wozu meine „Staatsgefährlichkeit" nicht wenig beiträgt. Hier wieder folgendes Geschichtchen:

Heute Abend wird der hochw. Herr Bischof seinen Einzug in meine Pfarrei halten; ich wollte ihn hiebei wenigstens telegraphisch begrüßen und gab deßhalb diesen Mittag dem Gefangenwärter eine Depesche folgenden Inhalts zu vorhergehender Revision beim Amtsgerichte mit: „Ew. bischöfliche Gnaden begrüße ich vom Gefängnisse aus beim Einzug in meine Pfarrgemeinde ehrfurchtsvoll." Eben nun war Klausmann wieder bei mir mit der Meldung, „die Depesche dürfe nicht abgehen und ein Gefangener nicht telegraphiren; ich solle mich, wenn damit nicht zufrieden, an's Kreisgericht Constanz wenden."

Du lieber Tod von Basel! dachte ich lächelnd und verzichtete auf den Recurs, da bis zu dessen Ablauf der Herr Bischof wohl längst mein Hagnau verlassen und das Telegramm nichts mehr genützt hätte:

   Lieb' Vaterland magst ruhig sein,
   Sein Telegramma kommt nicht heim.

Diesen Morgen sind die beiden Schweizer, von denen ich oben erzählt, an ihre Heimathgerichte ausgeliefert worden. Ich hörte dieser Tage einen derselben seinem badischen Zellennachbaren zurufen, wenn er seine Strafe erstanden habe, gehe er nach Holland und lasse sich dort nach Batavia anwerben. Da der Mann im Annexiren bereits Versuche angestellt, so dürfte er keinen schlechten Lanzknecht abgeben.

Was waren im Mittelalter und bis in die letzten Jahrzehnte diese Schweizer für gesuchte Lanzknechte und wie manche Schlacht zwischen Deutschen und Franzosen hat ihre Tapferkeit zur Entscheidung gebracht! Am Golf von Neapel, im Vatican, wie in den Tuillerien waren sie gern gesehene Gestalten. Es ist aber merkwürdig, wie der größte Ruhm dieses „Volkes in Waffen" in die Zeit vor der Reformation fällt und sie von da ab meist nur im inneren Kriege sich hervorthaten. Der berühmte Schweizer Gelehrte und Dichter Albrecht von Haller, welcher gegen Ende des vorigen Jahrhunderts starb, sagt selbst, daß die Blüthe des Schweizervolkes vorüber sei und ausgehöhlt „das Mark des Vaterlandes." Der vollständige Todtengräber jeder Nation, der Liberalismus, ist eben in der Republik, zu Deutsch: „Freistaat" damit beschäftigt, den Rest „des Markes" noch auszubohren und dann die Leiche „des Sklavenstaates" zu den übrigen zu legen. Es gibt in unserer Zeit viel, gar viele Verzerrungen auf der Welt, aber „das Schrecklichste der Schrecken" ist denn doch eine „liberale Republik"; da sind China und Rußland wahre Eldorado's der Freiheit gegen den Terrorismus der Schweizer Freiheitsmänner, bei denen man nicht weiß, wo die brutale Gewalt anfängt und die Lächerlichkeit aufhört.

Wie geachtet war einst diese Eidgenossenschaft durch ihre Ehrlichkeit, Frömmigkeit, Tapferkeit und Gastfreundschaft zu den Zeiten des alten deutschen Reiches, welche Kämpfe hat dieses Volk gekämpft, um frei und unabhängig zu werden — und heute steht es unter der „Tyrannis" liberaler Schreier und religionsloser Bourgeois. Wahrlich, da kann man nur mit einem spanischen Sprichworte sagen:

Aus solchem Staube, solcher Koth!

Uebrigens liegt dem tollen Gebahren der Schweizer Liberalen neben dem freimaurer'schen Hasse gegen die katholische Kirche auch noch eine gute Portion bornirten Hochmuths zu Grunde. Unsere deutschen Liberalen sind zwar im Durchschnitt und Allgemeinen ebenfalls sehr billige Denker, allein in jenem liberalen, glaubenlosen Krämer- und „Fränkli"-Volk, wo man z. B. Leute zu Gerichtspräsidenten wählt, ob sie studirt haben oder nicht, und bei dem jeder Schuhmacher ein Regiment commandiren kann, steckt neben völligem Mangel an wissenschaftlicher Bildung ein ungemeiner Dünkel, fortgeschritten, aufgeklärt und „gebültet" zu sein; und da zu höherer Bildung unserer Zeit unbedingt der Kampf gegen die alte Kirche und die „neuen Dogmen" gehört, und gewöhnlich, je dümmer einer ist, um so gescheidter er scheinen will, eben deßhalb diese brutalen Kirchenstürmereien in so überstürzender Weise.

Wie tief diese Leute unter dem Niveau eines gewöhnlichen Menschen stehen, hat ihr Benehmen gegen den Bischof Lachat auf dem Vierwaldstätter-See gezeigt. Besoffene Comunarden und Jakobiner können kaum diese liberalen Ehrenmänner aus Zürich und Basel übertreffen. Solche „Bildung macht allerdings frei", frei von jedem Anstand und jeder Menschlichkeit. Und derartige Individuen wollen auf kirchlichem Gebiete reformiren und den „Geisterkampf" schlagen helfen gegen Rom! —

Den 2. September.

An das große „Nationalfest" des heutigen Tages hätte ich gar nicht gedacht, wenn nicht bei einer Morgenschau „von mei-

nes Daches Zinnen", zwei Fahnen auf dem armseligen Kirch=
thurme der Stadt meinem historischen Gedächtnisse zugerufen
hätten: „Sedan!" Ich schaute mich weiter um nach solchen
Jubelzeichen, aber trotzdem Radolfzell viele Nationale zählt, konnte
ich auf den am See hinliegenden Häusern und Villen nur noch
drei Zipfel wehen sehen. Weit oben flaggte seit ich hier bin
ein Württemberger mit seiner Landesfarbe, heute hatte der Mann
„das deutsche Reich" herausgehängt und „den Schwaben" ein=
gezogen. Ich dachte unwillkürlich und in vielleicht sinnlosem
Zusammenhang an eine kurze Beschreibung von Afrika, die einst
ein jetzt noch lehrender badischer Professor seinen Schülern vor=
trug und die also lautete: „Afrika hat ein sandiges, von Kamee=
len durchzogenes Klima." —

Es ist ganz eigen, wie unsere Liberalen par tout den Tag
von Sedan als Nationalfeier im deutschen Volke einführen
wollen. Ich meine, man sieht da den Herren noch die acht=
undvierziger Revolution etwas aus der Rocktasche herausgucken,
daß sie einen Sieg, durch den ein mächtiger Fürst Reich und
Krone verlor, als den denkwürdigsten Moment des vergangenen
Krieges begehen wollen. Für „Fürsten" ist der Tag jedenfalls
nicht angethan zu lieblicher Erinnerung, denn er mahnt an den
Wechsel irdischer Herrlichkeit und an des Schicksal's Tücke; für
die Liberalen schon eher, denn von der Gefangennahme Napo=
leon's an, konnten sie doch muthigen Herzens ihrer „sittlichen
Entrüstung" über den Mann Luft machen und dem todten
Löwen, vor dem sie jahrelang im Staube gelegen, den üblichen
„Eselstritt" versetzen.

Von allen diesen Krakehlern an solchen Erinnerungstagen
hat keiner einen Schuß Pulver gerochen; sie haben von Anfang
bis Heute diese Siege stets nur im Wirthshaus gefeiert; wer
aber nicht ebenso thut und dazu noch „einen Fahnen" zum
Dach heraushängt, ist bei diesen Leuten Reichsfeind. Wenn ich
die Erlaubniß gehabt hätte, von Zelle zu Zelle zu gehen in
unserer „Festung", so würde ich bei meinen Collegen und Col=
leginnen eine Sammlung veranstaltet haben zur Anschaffung einer

Fahne, und die hätten wir dann auf unserer Burg flattern lassen, zum Zeichen, daß hier „auch gute Patrioten" wohnen.

Wenn ich mir den Lärm unserer Bierhauspatrioten an solchen Tagen denke und mich dann im Geiste auf die Schlachtfelder versetze, wo jene blutigen Kämpfe ausgetobt, wo jetzt Todtenstille herrscht ringsum, während die Gebeine von Tausenden unter der Erde modern und tausend Wunden unvernarbt bluten um die Modernden, dann wird mir's bitter um's Herz und mir fällt ein Vers Klopstocks ein:

> Der Krieg, des Menschengeschlechts
> Brandmal aller Jahrhunderte, der untersten Hölle,
> Lautestes, schrecklichstes Hohngelächter.

Und welches sind die Errungenschaften jener großartigen Siege? Was hat das deutsche Volk davon? Innern Krieg, Zerrissenheit und Unfriede. — Und nach Außen? Da möge nie sich erfüllen, was ein deutscher Dichter zur Zeit des dreißigjährigen Krieges gesungen:

> Ein Krieg ist köstlich gut, der auf den Frieden bringt;
> Ein Fried ist schändlich arg, der neues Kriegen bringt.

Doch zurück von den vergangenen und gegenwärtigen Kämpfen in die stille einsame Zelle.

Allabendlich, wenn ich, weil Licht meinem Auge und Kopfe wehe thut, in finsterer Zelle sitze, tönen Klänge eines vortrefflichen Klavierspiels an mein Ohr, alte Liederweisen, wie ich sie als Student so oft gesungen — und rufen wach so manche Erinnerung aus der Jugend „Lust und Flegeljahren", aus des Lebens „sel'ger, gold'ner Zeit", in der das „Gaudeamus igitur" und das „Edite, bibite" alle Sorgen und Schulden vergessen ließ; in der ich aber den „Carcer" nie von Innen sah, der jetzt schon zum zweitenmal mir „Herberge" geworden.

Die Spielerin soll die Frau eines in der Nähe wohnenden Postbeamten sein, der ich meinen ultramontanen Dank nicht versagen kann, für so manchen Laut aus alter Zeit.

Bekannt ist, wie einst der berühmte Musikus, Abbé Vogler, den gefangenen Dichter Schubart ergötzte: Vogler kam auf einer Reise in die Nähe des Hohenasperg, bewirkte, daß der gefangene Sänger in die Hauskapelle geführt wurde, während der berühmte Orgelspieler seine Weisen oben rauschen ließ. Ergriffen von der Töne Macht sank Schubart in seine Kniee:

O, Schubart fühlt es, denn er spürt vernarben
Die ihm geschienen unheilbar, die Wunden

Des Glaubens=Kinder, die im Zweifel starben,
Belebend hat sie jene Macht getroffen
Die Blumen, die in Kerkerluft verdarben,

Es blüht das Lieben, es reift das Hoffen! —
Es ist die Zeit, mit ihr der Ton verronnen
Und wieder steh'n des Kerkers Pforten offen;

Doch Schubart ruft aus in tausend Wonnen:
Wo ist der Mächtige, der mich befreite,
Mich nippen ließ vom ewig heil'gen Bronnen,

In meine Wunden süßen Balsam streute?
Vermag's doch Einer nur in deutschen Gauen —
Der Vogler ist's, dem ich die Arme breite! —

Es stieg die Sonne auf, den Bund zu schauen,
Und glänzte segnend über der Kapelle,
Und weiter zog der Abt in Gottvertrauen —
Getröstet Schubart in die düstre Zelle.

Schubart ist sonst mein Mann nicht, was mir aber an ihm gefällt, ist sein Freimuth gegen die Großen der Erde. —

Bei meiner heutmorgigen Promenade im Hofe erfreute mich ein Handwerksbursche: Die äußere Thüre zum Gefängnisse war einen Augenblick offen, ein reisender Fechter sah mich in meiner Soutane und flugs näherte er sich „dem Zwinger" in der Meinung es sei — das Pfarrhaus.

So ganz ungeschickt war dieses Wähnen des Vagabunden nicht, denn über kurz oder lang, wenn die Thaler nicht mehr reichen, werden die Gefängnisse, zunächst die preußischen, vorherrschend Häuser für die Pfarrer und Bischöfe abgeben. Wir glauben aber, daß diese neumodischen Pfarrhäuser dem „Herrn Staat" theuer zu stehen kommen werden, und er vielleicht besser daran thun würde die Geistlichen in ihren seitherigen Wohnungen zu belassen.

Doch die moderne Staatskunst macht ja bekanntlich Experimente und ihre Mittel erlauben es ihr, auch einmal dieses zu versuchen. Wenn die Geistlichkeit auf diesem Wege ihre „nationale Bildung" erhalten soll, so schlage ich vor, sofort sämmtliche Gefangenwärter im Reiche der Gottesfurcht zu außerordentlichen Professoren der Theologie und des deutschen Staatsrechts zu ernennen, zumal unsere Catheder-Professoren kaum zu anderen Ergebnissen gelangen, als zum Einsperrenlassen oder Davonjagen, die Gefangenwärter aber es billiger thun und Theorie und Praxis gleich verbinden könnten.

Es müßte gar nicht so übel sein, wenn sämmtliche Festungen in Universitäten, und alle Kreis- und Amtsgefängnisse in Konvicte und Seminarien umgewandelt würden! Den Portalen aber gäbe ich die Inschrift in goldenen Lettern:

„Bildung macht frei."

Und wenn dann der also gebildete Geistliche national reif genug wäre, würde ich ihn durch den geistlichen Gerichtshof in Berlin ordiniren lassen, nachdem er den Schwur geleistet: jede seiner Predigten vom Bezirksamt corrigiren und revidiren zu lassen, ehe er sie hält; den Vater Bismarck zu ehren, so lange er lebt; keinen Bischof, außer einen in Holland geweihten, anzuerkennen; täglich eine Stunde über das deutsche Strafgesetzbuch zu meditiren; jedem Beamten, vom Gefangenwärter aufwärts, wo immer er einem begegnet, die Hand zu küssen; dem Volke jede That des Liberalismus als eine wunderbare Fügung Gottes zu verkünden — und endlich den Namen „Papst" oder „Rom" nur unter Verwünschungen zu nennen. So würde ich das ultramontane Gefieder „beizen", wenn ich ein „Falke" wäre. Schade, daß Herr Falk nicht mich als Beirath zugezogen hat, als er dieser Tage mit Augustin Keller, der größten Kirchenfackel unserer Zeit, weitere Maßregeln zur Vollendung „der nationalen Bildung" des Klerus berieth. So lange die Herren nicht nach meiner obigen Schablone ihren Studienplan entwerfen, bekömmt die Sache den rechten Gang nicht und werden die „Pfaffen" gerade so „dumm" bleiben, wie sie jetzt sind unter der „finsteren Macht des römischen Mittelalters."

Den 4. September.

Unten am See, meiner Zelle gegenüber, liegt die Villa des hier weilenden Dichters Victor Scheffel, der im Angesichte des Hohentwiel, auf der sein vielgelesener Ekkehard spielt, sich dies Landhaus aufgebaut hat, während auf der entgegengesetzten Seite die Reichenau ihn grüßt. So wohnt der treffliche Dichter in Mitten von Kloster und Burg, ganz passend, denn sie beide sind ja in seinem „Ekkehard" und „Juniperus" die Hauptfelder seiner Dichtung, und es dürfte zur Zeit im Lande Baden kaum Jemand leben, der so genau das deutsche Mittelalter, wie es auf Burgen und in Klöstern sich verlebte, kennt und so anschaulich zu schildern weiß, als Victor Scheffel. Sein „Ekkehard", obwohl in Prosa, ist in der Form und Schilderung unübertrefflich schön geschrieben, während sein „Juniperus" und der „Trompeter von Säckingen" unstreitig das Beste sind, was in diesem Genre die neuere Dichtung geleistet hat.

Es gibt für einen Sänger, der seine Harfe nicht den Reptilien verkaufen will, um von Blut und Eisen zu singen, kaum einen schöneren Aufenthalt als Radolfzell, wo die zahlreichen Ruinen des Hegau's dem alten Bodensee die Hand reichen und „Dichterfahrten" nach allen Seiten hin reichen Stoff bringen für die Lyra des Dichters.

Welche Fülle von Stoff bietet nicht dieser eine „Hohentwiel", und welch' reiches Leben hat hier, auf diesem Basaltfelsen, sich abgespielt von der Zeit der alemannischen Herzoge, bis hinab zu Ulrich, dem Verbannten, von Württemberg, dem in seinem

Exil das eben erworbene Felsenschloß einziger Operationspunkt blieb, um wieder in seine Lande zu kommen.

Auf einer der benachbarten Burgen saß einst der große Bischof Salomo III. von Constanz, als Gefangener der beiden Kammerboten Archanger und Berthold.

Vergegenwärtigen wir uns dieses Stück, im Detail wenig bekannten Kampfes zwischen „Kirche und Staat" in Alemannien etwas näher, nach den alten Jahrbüchern von St. Gallen und nach einem von mir bearbeiteten Manuscripte:

König Konrad I. hatte bei seinem Regierungsantritt den berühmten Bischof von Constanz, der bei vier karolingischen Kaisern als Staatsmann große Dienste geleistet, gleich an seine Seite gezogen und hielt ihn in hohen Ehren. Seine erste Reise im Reiche galt dem mächtigen Prälaten, der zugleich Abt von St. Gallen war, und um Weihnachten 911 finden wir den König bei Salomo in Constanz. Auch ein Ausflug nach St. Gallen ward gemacht, und hier fand der alte Groll der alemannischen Kammerboten neuen Stoff gegen den ihnen schon längst verhaßten Abt-Bischof.

Der an den Höfen der Karolinger einflußreiche Salomo hatte diesen Einfluß von jeher benutzt zu Gunsten seiner Abtei und seines Bisthums, namentlich unter König Arnulf, der vielfache Schenkungen in dieser Richtung machte. Hiedurch wurden aber die königlichen Kammergüter, deren Verwalter die beiden Grafen Archanger und Berthold waren, gemindert, während der Bischof auf der anderen Seite die alemannischen Großen im Interesse des Königs stets etwas niederhielt. Daher der Haß. Schon zu Arnulf's Zeit hatten sie Salomo einmal aufheben wollen, als er sich zu St. Gallen aufhielt, und er konnte sich nur durch die Flucht retten; er sandte von seinem Zufluchtsorte, dem unfern von St. Gallen gelegenen wilden Turbenthale aus, Boten an den König und klagte gegen die beiden Grafen als Friedensbrecher. Arnulf berief beide Parteien auf einen Tag nach Mainz, wo die Kammerboten des Friedensbruchs für schuldig erklärt, zum Tode verurtheilt, bis zum Vollzug aber nach Ingelheim in Haft gebracht wurden.

Doch Salomo und sein Freund der Erzbischof Hatto von Mainz, des Reiches Erzkanzler, traten für die Verurtheilten beim Könige ein und erwirkten ihnen Verzeihung und Einsetzung in ihre Reichsämter; sie mußten aber eidlich geloben, den Bischof von Constanz in keiner Weise mehr zu belästigen.

Kurz darauf lud sie Salomo in seine Pfalz nach Constanz ein. Bei Tische, wo die Grafen namentlich die köstlichen Gefäße des Bischofs bewunderten, fing Salomo an, wie er gerne that, von dem großen Vermögen des Klosters St. Gallen zu reden, von seinen stattlichen Hirten, vor denen die Grafen den Hut abnehmen würden, wenn sie dieselben sähen, von den großen Backöfen, Kesseln und Malzdarrn. Da brachen die alten Wunden der Kammerboten wieder auf, sie zeigten sofort ihren Verdruß, indem sie die schönen gläsernen Becher, die der Bischof ihnen zum Abschied schenkte, in seiner Gegenwart auf den Boden warfen und sich für alle weiteren Geschenke bedankten.

Salomo vergaß ihnen diese Unart nicht. Als er bei dem oben erwähnten Besuche des Königs Konrad an der königlichen Tafel präsidirte, während der König bei den Mönchen im Kloster speiste, ließ der bischöfliche Abt durch zwei Kloster-Hirten, die sich für freie Leute ausgeben mußten, den Grafen über Tisch einen Bären und einen Hirsch zum Geschenke übermachen. Diese erhoben sich, nahmen die Hüte ab und dankten freundlichst. Als sie aber an dem Lächeln Salomo's sahen, daß sie zum Besten gehalten worden wären, wurden sie sehr verdrossen, und der König fand sie sehr verstimmt, als er vom Klostertische zurück kehrte.

Drei Tage blieb Konrad unter den Mönchen, ließ sich in ihre Bruderschaft einschreiben und beschenkte sie bei seinem Wegzuge überreichlich. Namentlich, und dieses war ein neuer Zantapfel für die Kammerboten, schenkte er dem Kloster Güter zu Stamheim [1]), wo die beiden Grafen ein festes Schloß besaßen,

---

1) In Württemberg.

warnte aber zugleich die Brüder bei Verlust seiner Gnade vor Unrecht. Salomo begleitete den König als Kanzler bis zum Sommer 914. Schon im Frühjahr dieses Jahres hatte Archanger, wohl in geheimer Verbindung mit dem Sachsenherzog Heinrich, gegen den König sich erhoben, und nur der darauffolgende Einfall der Ungarn in Alemanien und der Sieg, den Archanger mit seinem Bruder Berthold und seinem Neffen Arnulf von Baiern über die plündernden Horden erfocht, vermittelten diesmal den Frieden mit dem König, der sogar der Kammerboten Schwester, Arnulf's Mutter, Kunigunde heirathete.

Doch umsonst, alle drei empörten sich im folgenden Sommer gegen Konrad, und während dieser gegen seinen Stiefsohn zog und ihn aus dem Lande trieb, benutzte Archanger die Gelegenheit gegen Salomo. Ettehard von St. Gallen erzählt des Bischofs Gefangennahme also:

Archangers Leute überfielen vom Schlosse Stamheim aus öfters die vom Könige geschenkten Klostergüter und plünderten. Als nun der Bischof eines Tages den beiden Kammerboten und ihrem Neffen Luitfrid in freiem Felde begegnete, hielt er ihnen dieses Unrecht vor und erinnerte sie, als sie unziemliche Widerrede ihm gaben, an den bei König Arnulf geleisteten großen Dienst. Da zog Luitfrid sofort das Schwert und hätte den Bischof getödtet, wenn nicht seine Vettern ihn zurückgehalten hätten. Doch fiel einer der Leute des Bischofs, der mit dem Schwerte auf Luitfrid losgegangen war. Als Salomo nun davon reiten wollte, um sich zu retten, holten ihn die beiden Brüder ein, nahmen ihn gefangen und brachten ihn in ein nahe gelegenes Haus, wo sie beriethen, was mit dem Bischofe anzufangen wäre, der sich indeß dem Schutze des heil. Gallus empfahl. Luitfrid rieth, ihn entweder zu blenden oder ihm die rechte Hand abzuschlagen; der größere Theil der Edelleute war jedoch der Ansicht, an dem Gefangenen keine Gewalt zu üben. Archanger und Berthold aber beschlossen, ihn auf die Diepoltsburg [1]),

---

1) In der Nähe des Hohentwiel.

wo gerade des ersteren Gemahlin Bertha sich aufhielt, zu verbringen und ihn der Frau, die schon oft ihres Gemahls wegen dem Bischof Böses gewunschen, zu übergeben; sie würde, dachten sie, schon Mittel finden, Salomo unschädlich zu machen.

Sie setzten Salomo auf ein schlechtes Rößlein, und als unterwegs Schweinehirten ihnen begegneten, mußte der Bischof sich vor ihnen neigen und ihnen die Füße küssen. Ein Eilbote ward an Bertha vorausgeschickt, die bei der Nachricht von der Gewaltthat an ihre Brust schlug und ahnungsvoll die Worte sprach: „Haec est dies, quae honoribus nostris apud Deum et apud homines finem datura est [1].‟

Sie setzte nun Alles in Stand, den Bischof auf's Beste zu empfangen, schickte ihm zwei gerade anwesende Priester mit dem Evangelium entgegen, empfing ihn am Schloßportal, umarmte ihn und bat weinend um den Friedenskuß. Die, welche den Bischof gebracht hatten [2], hielten dies alles für Verstellung; Salomo selbst mißtraute der weiblichen Liebenswürdigkeit. Er ward sodann in das ihm bestimmte, reich ausgestattete Gemach mit den zwei Priestern eingeschlossen und verbrachte, soweit das nächtliche Rufen und Blasen der Schloßwächter es zuließ, die Nacht ruhig. Am andern Morgen besuchte ihn Bertha, von einer Dienerin begleitet, wünschte ihm baldige Befreiung, speiste mit ihm und ließ sich von ihren eigenen Dienern, den Bischof aber von zwei Priestern bedienen.

Der König hatte nicht sobald die Gefangennahme seines getreuen Kanzlers vernommen, als er aus Bayern nach Schwaben aufbrach, um ihn zu befreien und Archanger zu bestrafen. Er bekam den letztern bei Fridingen, unweit des Hohentwiel, in seine Gewalt, schickte ihn milde in die Verbannung und erlöste

---

[1] Dieser Tag wird unserer Ehre und Stellung bei Gott und den Menschen ein Ende machen.

[2] Archanger, Berthold und Luitfrid waren offenbar nicht dabei anwesend, sondern hatten den Transport des Bischofs einiger ihrer Reisigen überlassen.

den Bischof, den eben die Gemahlin Archangers fliehen lassen wollte, da sie wußte, daß Archanger ihn auf Hohentwiel zu bringen und dort hinzurichten beschlossen hatte. Sigfrid, ein Neffe Salomo's aber, überfiel die flüchtigen Berthold und Luitfrid in einem Walde und nahm sie gefangen.

Die Befreiung des Bischofs geschah am Tage des heil. Pelagius, 28. August, weßhalb derselbe die Reliquien dieses Heiligen in Constanz später so hoch in Ehren hielt. Großartig war Salomo's Einzug in Constanz und mit: „Heil herro! Heil liebo!" begrüßte ihn das Volk.

Kaum war der König aus der Gegend, da fiel Archanger wieder in's Land und mit ihm die ebenfalls verbannten Berthold und Luitfrid, schlugen die königlichen und bischöflichen Truppen bei Wahlwies im Hegau und Archanger warf sich zum Herzoge auf. Sie blieben unbehelligt bis zum Sommer 916, wo es gelang Archanger in des Königs Gewalt zu bringen. Jetzt berief Konrad eine Synode nach Altheim in Schwaben, wohin als Legat des Papstes, Johann X., der Bischof Petrus von Orta gekommen war und die Versammlung am 20. September eröffnete. Im 21. Canon wurde bestimmt: „Weil Archanger und seine Genossen sich an ihrem Könige versündigt und an Bischof Salomon vergriffen haben, sollen sie die Waffen ablegen, die Welt verlassen, in's Kloster gehen und Buße thun ihr Leben lang." Der Canon 35 beraumt den Empörern Arnulf, Berthold und ihren Mitschuldigen eine letzte Frist, sich Mitte October auf einen Tag nach Regensburg zu stellen.

Dies muß geschehen oder die Genannten gewaltsam zu Handen des Königs gebracht worden sein, denn unterm 21. Januar 917 wurden sie mit Archanger zu Abingen[1]) auf des Königs Befehl hingerichtet. —

Was an dieser alten Geschichte in unseren Tagen auffällt, ist die Erscheinung, daß damals die Könige die Bischöfe befrei-

---

1) Wahrscheinlich Hattingen im Hegau, da Archanger und Genossen auf Hohentwiel gefangen lagen.

ten, wenn sie gefangen waren, jetzt aber freie Bischöfe staatlich gefangen gesetzt werden können; ferner daß zu jener Zeit die „Reichskanzler" Bischöfe und Erzbischöfe waren, die heute als „Reichsfeinde" gelten im liberalen Feldlager. Und gerade Salomo III. von Constanz und Hatto von Mainz haben dem deutschen Reiche, namentlich zu den Zeiten Ludwigs, des Kindes, die größten Dienste geleistet, und es, wie Heinrich Leo, der protestantische Historiker selbst auseinandersetzt, mehr als einmal vom Untergange gerettet.

Jetzt glauben unsere Liberalen das Reich zu retten durch die Verfolgung der Bischöfe, die doch von der gleichen Gesinnung beseelt sind, wie jene des Mittelalters, während die jetzigen Thronstützen, die Liberalen, es stets nur zur Revolution und zum Umsturz gebracht haben. Nun, was geschehen ist, heißt Geschichte, und die bleibt ewig wahr und so steht es denn auch unvertilgbar fest in den Annalen des deutschen Volkes, daß jene Zeiten des deutschen Reiches größte und gewaltigste waren, in denen im Rathe der Kaiser „des heiligen römischen Reiches deutscher Nation" die Erzbischöfe und Bischöfe saßen, und „Imperium und Sacerdotium"[1]) im Frieden lebten.

Oft, bevor ich Abends in meine Zelle mich zurückziehe, sitze ich zuerst noch einige Zeit auf die Wendeltreppe und schaue hinein in den Hegau, wo die Ruinen von Hohentwiel, Hohenkrähen, Hohenhöwen, Hohenstoffeln in einer Reihe zu mir herschauen und meine Gedanken zurücktragen in jene Zeit, wo noch „Schild und Speer klangen" auf jenen Felsenhöhen und die geharnischten Reisigen auf und abzogen. Es lag nicht blos viel Poesie in jenen Zeiten, wo mehr Minnesänger auf den Burgen saßen, als jetzt Dichter auf all' unseren Hochschulen, es war auch eine Zeit voll von Thaten und Thatendrang; es waren der deutschen Nation ruhmreichste Tage, da die Ritter mit ihren Kaisern hinabzogen weit nach Süden und hinunter nach Böhmen und Ungarn und hinein in's heilige Land, überall des deutschen Schwertes Kraft zeigend und des deutschen Reiches Hoheit.

---

[1]) Kaiserthum und Priesterthum.

Die liberalen Geschichtsforscher und Wirthshausschreier unserer Tage sehen in jener Zeit nichts als „faule Pfaffen, Raubritter, Leibeigenschaft und Zehnten". Und doch saßen in jenen Klöstern Denker und Arbeiter, wie unser Liberalismus blutwenige oder richtiger gesagt, gar keine aufzuweisen hat, und auf jenen Burgen hausten Ritter, deren Raub ein Kinderspiel war gegen das, was der Liberalismus und seine Grundsätze schon gestohlen. — „Aber die Leibeigenschaft! Jetzt ist der Bauer doch frei, ein freier Mann auf seiner Scholle und sein eigner Herr in Haus und Hof!" — Was diese Freiheit heißt in unseren liberalen Tagen, wissen wir ja und mit uns alle Bauern, welch' freiheitliche Institutionen der Liberalismus geschaffen, so daß man vor lauter Zwang den Wald der Freiheit gar nicht mehr sieht: Militärzwang, Schulzwang, Gewissenszwang u. s. w.

Ja der Bauer hat Eigenthum, aber Tausende so viele Schulden auf ihrer „freien Scholle", daß es ihnen viel wohler wäre, sie wären noch Kloster- oder Burgleute; so viele Schulden, daß der Löffel in der Tischlade nicht mehr ihnen gehört und sie lieber nichts „Freies" hätten, aber in guten und schlimmen Tagen Brod von ihren Herren.

Jene eigenen Leute bezahlten für die vom Ritter oder Abte geliehenen Grundstücke weniger Zehnten und Gült, als sie jetzt an Grundsteuer zu entrichten haben, von den übrigen, stets steigenden Staatssteuern abgesehen. Und was muß das „freie" Volk in unseren modernen Staaten an Blut- und Leibeszehnten dem Militarismus opfern? Opfer, die damals gar nicht bestanden, und die weit drückender und schwerer sind, als die Zehnten von Korn und Wein!

Wir sind übrigens weit entfernt, der Leibeigenschaft das Wort zu reden, unsere Absicht ist nur die, in wenigen Sätzen zu zeigen, daß der gemeine Mann unter der gepriesenen Firma Liberalismus nicht glücklicher ist, als unter dem Krummstab und unter den Burgvögten vergangener Tage, daß er vielmehr früher in manchen Dingen besser daran war, als jetzt. —

Den 5. September.

Da ich eben von den Klöstern geredet, so will ich doch auch mit meinen freundlichen Lesern einen Blick werfen auf die unweit meinem Gefängnisse, im See liegende Mönchsinsel, Reichenau. Still und todt liegt die von Rebhügeln übersäte Insel jetzt im schwäbischen Meere und nur die ragenden Thürme dreier Kirchen zeugen von verschwundener Pracht, und den Besucher erinnern im Münster die alten Heiligthümer, die ihm gezeigt werden und die dunklen Chorgänge kaum mehr daran, daß einst siebenhundert Mönche mit fünfhundert Schülern hier Gott gedient und in allen Zweigen menschlichen Wissens sich ausgebildet haben, daß hier einst Männer gelebt, wie Herimann, der Lahme, Walafried Strabo u. A., welche die Wunder ihrer Zeit und die Sterne der Wissenschaft genannt wurden.

Jetzt saust das Dampfroß nahe an dem Eilande hin und erinnert an den Fortschritt der Neuzeit, die Insel selbst aber wird dem, der in vergangene Zeiten schaut, zum Denkstein ehemaliger, reicher Cultur, die verschwunden ist, um der armseligen Oberflächlichkeit unserer Tage Platz zu machen; sie erinnert, daß hier einst Alles im Flor und in der Blüthe war, und da, wo jetzt wenige Schulmeister uncultivirter Winzer Kinder lehren, Männer gelebt und gedacht haben, wie sie die Neuzeit nicht aufzuweisen im Stande ist; daß hierher von allen Gauen Deutschlands und Frankenlands die Söhne des Adels zogen, um zu den Füßen jener Männer ihre Studien zu machen. Päpste, Könige und Kaiser, der Kirche und des Reiches gewaltigste Männer, zogen einst hier ein und aus, des Klosters Aebte waren Berather und Freunde deutscher Kaiser. So Abt Hatto, der berühmte Bischof und Kanzler, Karls des Großen, der die Au selbst besuchte; Hatto III., Erzbischof von Mainz; Witgewo, der Rathgeber Otto III., von dem Gallus Oheim sagt: „Au des kaisers hof ward er siner wisheit, gelerte und erbarkait halb hochgelopt, geert und für ander herfür gezogen und menglichem erwirdig gehalten. Es statt von ihm geschriben, er wurde genampt der mund des küngs, die hailsam Zung des volks, auch so sig er

gewesen ain primas under den chriftlichen fülen, ouch hab er gelert die fürsten, graven und das ander hoffgesünd des küngs. Alles volk schray (rief), er sie die aigen handt des küngs."
Abt Bern war ein Freund Heinrichs III., eines der größten deutschen Kaiser, correspondirte mit ihm, wurde vom Kaiser besucht — und was ihn noch mehr ehrt, er war der Lehrer Herimann's, des Lahmen.

Ebenso reich, wie an gelehrten Männern, wurde die Stiftung des heil. Pirmin an irdischen Gütern durch die Gunst der Kaiser und ihre hochadeligen Conventualen; denn bis zu Zeiten des Abtes Friedrich von Wartenberg (1428) wurden keine Novizen aus dem niedern Adel zugelassen.

Gegen zweihundert Städte und Dörfer gehörten einst dem Gotteshause, darunter die Stadt Ulm; bis an den Comersee reichten seine Besitzungen, daher die Sage, der Abt von Reichenau habe, wenn er nach Rom reiste, jeden Tag auf eigenem Grund und Boden übernachten können. Vier Erzherzoge, zehn Pfalzgrafen und Markgrafen, siebenundzwanzig Grafen und achtundzwanzig Freiherren und Ritter empfingen Lehen vom Kloster.

Doch schon nach der Ottonenzeit begann der Verfall der „reichen Au"; wie Gall Oheim sagt, theils durch schlechte Wirthschaft einzelner Aebte, vor allem aber durch „uneinigkeit der bäbst und kaiser (namentlich zur Zeit Heinrich IV. und der Hohenstaufen), och der fürsten mißhelligkeit, da jeglicher das Kaiserthum mit gewalt, krieg, rob und Brand erobern wolte." Als Ausdruck des traurigen Zustandes schon in der Mitte des dreizehnten Jahrhunderts ertönt ein Klagelied aus dem Munde Conrads von Zimmern, des dreiundvierzigsten Abtes, der 1255 aus Kummer über das große Elend seines Klosters starb. Sein Lied beginnt mit den Worten:

> Augia regalis,
> Dives quandoque fuisti,
> Nunc talis qualis
> Quia plurima damna tulisti [1]).

---
1) O königliche Au, reich warst du einst, nun bist du, wie du jetzt bist, weil so viele Schäden dich getroffen.

Vom zweiundfünfzigsten Abte, Werner von Roseneck († 1402) erzählt Oheim, daß er sich „in den tisch zuo einem lütpriester zuo sant Petter[1]) verdingt und täglich auff ainem wissen rößlin da abhin rait, den imbis und nachtmal zuo nießen;" so arm war die Reichenau geworden. Werner mußte in großer Noth fast Alles versetzen und verkaufen; als er aber die kostbare Reliquie des heil. Markus[2]) an die Venetianer veräußern wollte, hinderten ihn die Unterthanen des Klosters daran.

Unter Werner's drittem Nachfolger, Friedrich von Wartenberg, der zuvor Conventuale von St. Blasien gewesen und von Martin V. zur Abtei Reichenau berufen worden war, kam das alte Stift nochmals in die Höhe, so daß Abt Friedrich, der zweite Gründer des Gotteshauses genannt wird. Er traf bei seinem Amtsantritt nur noch zwei Mönche, Heinrich von Lupfen und Johann von Roseneck; als er aber mit strenger Disciplin Ernst machte, gingen ihm auch diese davon, worauf er von St. Blasien Mönche lieh und jetzt auch Leute aus dem niedern Adel aufnahm.

Oheim gibt dem wackern Mann folgendes schöne Zeugniß: „Abt Fridrich, der ander Pirminius und stiffter dises verhellgotten, zergangnen, verlaßnen und vertonen gotzhus, in anfang sines regimentz und prelatur, die er annam, nit von weltlichen eeren, der er begirlich nie erfunden wart, nit zu hilff siner brüder und fründen, dann da war es alles verkümbert; nit das er groß fisch und wiltprätt äße, noch just sines libes lebte und herrschotti, sondern zu der er gotts und jungfrowen Marie, betrachtet in im selbs den spruch des ewangelÿ: „Zur dem ersten suchen das rich gottes, so wird üch alle voll zuoge-

---

1) Eine halbe Stunde vom Kloster, Pfarrkirche von Niederzell.

2) Herimann, der Lahme berichtet hierüber in seiner Chronik zum Jahre 830: „Den Leib des heil. Markus, des Evangelisten hat unter dem Namen des Marthrers Valens, Ratolbus, Bischof von Verona, von dem Herzog von Venedig erhalten und nach der Au gebracht." Daß diese, jetzt noch vorhandene Reliquie ächt sein dürfte, geht aus der Kauflust Venedigs hervor.

schriben;" ouch das in dem buoch der geschicht der zwolff boten geschriben statt: „Jesus Christus fieng an sin regiment mit tuon, zuo dem ersten und nachter mit lernen." Uff sölliche und andre hailligen gschrifft und irer ratt sazt er sin fundament und fieng zuo dem ersten sich selbs zu reformiren und die regel sanct Benedicte mit rainigkeit, mit bett und tisch, och allen andren puncten und capitel der regel sanct Benedict observanlich zuo halten, und verharret darinn mit siner person bis an sinen tod."

Leider folgte Friedrichs Nachfolger, Johann Pfuser von Nordstetten, nicht seinem rühmlichen Beispiele, er verschleuderte in langer Regierung, was der zweite Pirmin gesammelt, und die Abtei ging nun rasch wieder abwärts, bis zu Anfang des sechszehnten Jahrhunderts, unter dem dritten Abte nach Friedrich, Markus von Knörringen, die Bischöfe von Constanz die Reichenau an sich zu bringen suchten. Schon längst hatten die Constanzer ihren Blick auf die schöne Insel geworfen, und bereits um 1050 hatte Bischof Dietrich einen Versuch gemacht, allein Papst Leo IX. war dagegen gewesen.

Unter Abt Markus brachte es nun, wahrscheinlich unter Hinweis auf die zerrütteten Verhältnisse des Gotteshauses, Bischof Hugo von Hohenlandenberg dahin, daß Papst Julius II. ihm eine Einverleibungsbulle ausstellte. Allein die Stadt Constanz, der Bischöfe Uebermacht und die Gefahr fürchtend, sie könnten die Au zu ihrem bleibenden Sitze nehmen, und die Eidgenossen, in deren Gebiet das Kloster viele Besitzungen hatte, widersetzten sich. Kaiser Maximilian sprach daher den Fortbestand der Abtei aus, doch mußte nach langen Verhandlungen Markus von Knörringen abtreten und an seine Stelle ward Georg Piscator, Abt von Zwiefalten, mit zwölf dortigen Conventualen berufen, um dem zerrütteten Stifte aufzuhelfen.

Piscator half nach besten Kräften, starb aber schon nach drei Jahren 1519. Nach seinem Tode wählten die von Zwiefalten gekommenen bürgerlichen Mönche den Conventualen Gallus Kalb zum Abt, wogegen die Adelichen sich erklärten. Der Streit kam vor den Papst, Kalb resignirte und Markus von Knörringen ward abermals zum Prälaten bestellt. Die Bischöfe von Constanz hatten aber selbst während der Reformationswirren die Au nicht aus dem Auge gelassen und 1540 gelang es dem Bischof Johann von Weza, der vordem Erzbischof von Lund in Dänemark gewesen, durch die Reformation aber vertrieben worden war und von Karl V. das Bisthum Constanz erhalten hatte.

Er schloß mit dem unwürdigen Knörringer den Kauf ab, der gegen gutes Leibgeding den Handel einging und dann nach Radolfzell zog, bald aber starb.

So ward aus der alten, hochberühmten Abtei, aus der achtzehn Erzbischöfe, sechszig Bischöfe und neunundzwanzig Aebte für andere Klöster hervorgegangen waren, ein bischöflich constanzisches Priorat mit zwölf Conventualen.

Doch jetzt erst begann der lange Kampf zwischen diesen und den Bischöfen von Constanz, da die Mönche es nie verschmerzen konnten, das Gotteshaus in fremden Händen zu sehen. Und, wer die ganze Geschichte dieses Ringens der Reichenauer Prioren vom Prior Gregor Diez unter Johann von Weza, bis zum Prior Meinrad Meichelbek, dem berühmten Gelehrten, (unter Bischof Rodt 1757,) liest, der muß entschieden auf Seiten der Conventualen stehen und die Vergewaltigungen der Bischöfe gegen jene Männer verabscheuen.

Als 1757 die Mönche vom Bischof Franz Conradt (v. Rodt) verjagt und in andere Klöster verbracht worden waren, wurde nur noch ein Missionsposten für Seelsorge und Wallfahrt am Münster unterhalten, der 1799 auf drei Priester reduzirt wurde, die später drei Pfarrern, je einer in Oberzell, Münster und Unterzell, Platz machten. 1802 kam über die Bischöfe von Constanz selbst die Einverleibung, und mit dem Hochstifte wurde die Insel badisch.

Dies in kürzester Skizze die Geschichte der Reichenau, eines der berühmtesten und bedeutendsten Gotteshäuser Altdeutschlands. Oft, wenn ich am kleinen Fenster meiner Zelle stehe und hinüber-

schaue auf die stille, grüne Insel, die auf ihrem kleinen Raum
ein so gewaltiges Stück deutscher Cultur getragen, und ihre
gegenwärtige Unbedeutendheit damit vergleiche, so lächle ich
höhnisch in mich hinein — über den Fortschritt der Neuzeit mit
ihrer übertünchten Gräbercultur.

Nur einmal im Jahre, am Montag nach Dreifaltigkeit, ist
reges Leben auf der Insel und um die alten Klosterhallen;
Tausende aus der ganzen Umgegend am Untersee und vom
Hegau nahen zu Schiffe, um das heilige Blutfest in der Rei=
chenau mitzufeiern. Selbst abgesehen von der Kostbarkeit dieser
hochverehrten Reliquie, ist die Legende, die daran sich knüpft
eine so liebliche und die Art, in der Oheim erzählt, „wie das
bluot unsers herren Jesu Christi in die Ow kumen" eine so
kindlich schöne, daß wir sie hier, möglichst verhochdeutscht, wie=
dergeben.

Zu den Zeiten Kaiser Karls des Großen, des „allerlobwir=
digsten," hörte Azan (Hassan), ein „gewaltsamer regierender
herr der statt Jerusalem" von den Tugenden, auch von den
vielen „wunderbarlichen ungeloblichen stritten" des genannten
Kaisers und ward begierig ihn zu sehen und „siner fründholden
underred sich zuo erliebigen." Er sandte deßhalb eine Botschaft
an Papst Leo III., bat ihn um seine Vermittlung und ließ dem
Kaiser einen Schatz in Aussicht stellen „also costlich, das weder
er, noch sine vorfaren sölliches glichen nie überkomen möchten,
ouch über mer her an die örter und anstöß Frankrich dero
glichen nie komen werend." Der Papst ließ Boten an Karl
nach Aachen ergehen und ihm das Begehren Hassan's kund
thun; allein der Kaiser schlug die Bitte ab. Betrübt sandte
Leo abermals Boten an den Kaiser und ließ ihm sagen: „Wenn
Du derjenige wärest, für den Dich die Welt hält und verherrlicht,
so würdest Du sicher einen solchen Schatz zu gewinnen suchen."
Da „hub sich uff der kaiser, betratt sin pfert, ilende kam er
gen Rom." Hassan machte sich ebenfalls mit dem kostbaren
Geschenk auf den Weg, dem Kaiser entgegen und „kam an die
insul, Gorzico genampt," wo ihn aber eine Krankheit überfiel,

die ihn an der Weiterreise verhinderte. Er schickte nach Rom und ließ den Kaiser zu sich bitten. Der Kaiser (wie er dann allweg uff dem waſſer verzagt war) wollte ſich der Gefahr einer Seereiſe nicht ausſetzen, berief ſeine Räthe und Diener, doch keiner wollte freiwillig auf's Waſſer. Jetzt ſtellte Karl das Anſinnen an Einhard „ainen clerif, der zuo allen hendeln im befohlen ſich, erlich und ufrichtig war." Doch „diſer Einhardus war ouch daz onermeſſen, erſchrockenlich waſſer förchten und ſprach: „Send mich uff dem ertrich, an welche örter der welt du welliſt, aber das waſſer förcht ich." Nun kamen nach drei Tagen Hunfrid, Graf von Churwalen und Jſtrien, und Waldo, der Abt von der Reichenau und Beichtvater des Kaiſers und dieſe erboten ſich nach einiger Berathung die Meerfahrt zu unternehmen und der Abt meldete es dem Kaiſer: „Morgens nach metti zitt kam Waldo mit großen fröden des zuoſagens Hunfridi an des kaiſers zimmer, klopfet an und bracht ihm die troſtliche Botſchafft." Hocherfreut gab ihnen Karl reiche Geſchenke mit „ſi dem dickgemelten Aʒan zuo bringen." Die Fahrt ging glücklich von Statten, Haſſan ließ die Boten ehrenvoll empfangen, war aber ſehr betrübt, daß der Kaiſer „den er mit ungloblicher Lieb erwartet" nicht ſelbſt gekommen, gab ihnen gleichwohl die zugedachten Schätze mit, lauter „hailtümer"[1]):

Jtem des erſten ain fläſchly von dem ſtain Onichino (Onyx) voll des bluotes Jeſu Chriſti.

Jtem ain crützlin, von gold und edelm ſtain geſchmidet, innhaltende in den vier örtern den ſchweis und bluot Chriſti und an mitten ain ſtück von dem crütz des herrn inverſchloſſen.

Jtem die türny cron, die das lieplich hopt unſers hailmachers umbgeben haut. U. a. m.

Waldo und Hunfrid machten ſich mit dieſen Koſtbarkeiten wieder zu Schiffe und landeten glücklich auf Sicilien, wo Waldo im Kloſter der heil. Anaſtaſia zurückblieb, während Hunfrid mit der Meldung nach Ravenna zum Kaiſer eilte, der freudig alsbald aufbrach und mit allen ſeinen Herren „barfuos

---

[1]) Heiligthümer.

von Ravenna fünffzig mil wegs an das ort in Sicilia" ging und den Schatz mit großer Andacht empfing und von dannen führte. Den beiden Getreuen, Waldo und Hunfrid, aber gestattete Karl, sich von ihm eine Gnade auszubitten; Waldo erbat sich für sein Kloster Privilegien, Hunfrid aber „mit guottem alter beschwert, zittliche ere zuo erlangen onbegirig" sprach zum Kaiser: „Herr d'wil ich nun alt bin, ist mir nach dem ewigen leben zuo gedenken und umb zergengcliche ere nützit zuo achten. Darum welle nüt beschweren, das crützli, darinn das bluot Jesu Christi verschlossen behalten wirt, allein mir zuo ainem lon und ergetzung zuo geben." Ungern hielt der Kaiser sein Versprechen doch gab er dem frommen Grafen das Kreuz, der mit demselben heimzog, sofort, 801, zu dessen Ehre das Kloster Schännis[1]) baute und die kostbare Reliquie in der Kirche auffstellte. Nach Hunfrids Tod (823) kam das Kreuz an seinen Sohn Adalbert; dieser verlor schon im folgenden Jahre Chur und Rhätien durch Rudpert, einen Vasallen Kaiser Ludwigs, mußte fliehen, und nahm nur das Kreuz mit zu seinem Bruder Burkard von Istrien, warb dort ein Heer und zog gegen seinen Verdränger. Bei Zizers[2]) trafen die Gegner auf einander, Rudpert mußte fliehen, auf der Flucht schlug ihn ein Pferd, „er ward von sinem roß gehept, naigt sich uff sinen schilt, nahet dem sterben und wird eines ellenden todes sines lebens berobet." Adalbert ward wieder Herr seines väterlichen Erbes, schrieb aber den Sieg dem Kreuze zu, das er stets bei sich getragen.

Nach Adalberts Tod (846) kam der Schatz in Besitz seines Sohnes Ulrich, durch dessen Tochter Hemina aber, die einen Grafen von Lenzburg heirathete an dieses gräfliche Haus.

Ihr Sohn Ulrich († 940), dem sie noch bei Lebzeiten das Kreuz geschenkt, warb um eine Tochter des Grafen Walthari von Kyburg und seiner Gemahlin Swanahilt, die beide fromm und nach der Reliquie begierig waren, und deßhalb von ihrem Schwiegersohne sie erbaten. Sie erhielten das Kreuz und be-

---

1) Zwischen dem Zürcher und Wallenstadter See.
2) In der Nähe von Chur.

wahrten es in ihrer Burgkapelle, gelobten aber, es nach ihrem
Tode in das Kloster Reichenau zu vermachen, wo Swanahilt
einen Bruder hatte.

Nach einiger Zeit unternahm die Gräfin einen Besuch nach
der Au zu ihrem Bruder und eine Wallfahrt zur heil. Verena
nach Zurzach. Ihr Kaplan nahm heimlich das Kreuz mit auf
die Reise, offenbarte es aber Swanahilt erst unterweges. Sie
kam in das Kloster, ward freundlich empfangen, verschwieg aber
ihren Schatz. „Als es aber wardd uff den abend, befahl die
frow, für das crützli ain brinnenden latternen henden." Da
fragten die Mönche, was für ein Heiligthum das wäre, worauf
die Gräfin zur Antwort gab: „Dis ist hailtum ettlicher hailgen,
das ich im hus und überfeld gewon bin by mir zuo haben" —
und verschwieg den Schatz, selbst vor ihrem Bruder Ulrich, der
Pförtner des Gotteshauses war. Doch die Mönche ahnten etwas
und ließen der Gräfin keine Ruhe mit Bitten, bis die Wahrheit
heraus war. Jetzt war große Freude unter den Brüdern, sie
brachten das Heiligthum alsbald in die Kirche; am anderen
Morgen segneten sie Wasser damit, von dem alle Kranken im
Kloster gesund wurden, gingen „barfuos mit dem crüzlin umb
das closter, sich mit dem heiligen bluot zuo beschirmen, och demüt=
tiglich bittend, das der unvergeltende schatz inen zum ewigen trost
nümer von dem münster hinweggeführt würde." Alsdann sandten
sie fünf der ältesten Väter, darunter ihren Bruder, zu Swa=
nahilt und baten sie „sie welte von der liebe Jesu Christi, der
durch das crütz und sin hailiges bluot uns erlöst hette, das
crützlin unsrer lieben frowen im münster geben," und ver=
sprachen ihr dafür „ihr ewiges gepett." Die Gräfin ließ sich
nicht bewegen, verhieß aber, wie schon gelobt, nach ihrem Tode
den Schatz dem Kloster zukommen zu lassen und schied nach
diesen Worten „mit dem crützli allerfröhlichst von dann, die
brüder alle in höchstem truren hinter ir verlaußend." Sie zog
gen Zurzach; in der ersten Nachtherberge überfiel sie eine plötz=
liche Krankheit, dem Tode nahe berief sie ihre Dienerschaft,
von denen einer, Gangolf, das Leiden der abgeschlagenen Bitte

der Mönche zuschrieb. Nun sandte Swanahilt in der Nacht noch Leute mit dem Kreuz gen Reichenau, wo sie am Morgen ankamen und den erstaunten Brüdern den Vorfall erzählten, die nun unter feierlicher Prozession das ersehnte Heiligthum auf den Frauenaltar brachten. Swanahilt aber ward gesund.

„Dis geschah anno von der menschwerdung Christi 925, des sibenden tages des monatz novembris, wintermonet genennt, das ist uff den sechsten nach sant Lienhartz tag. Und damit sölichs nit in vergessen keme, ließen sy es schriben in das buoch ihrer regel, darin ouch andre vest der hailigen verzeichnot sygen."

So kam das „heilige Blut" auf die Au, eine Reliquie, ehrwürdig schon durch ihr Alter. Im Schwedenkrieg flüchtete es ein Pater in das Frauen=Kloster Güntersthal bei Freiburg, entdeckte aber den Werth des „Heiligthums" nicht, selbst nicht, als er 1661 daselbst starb.

Erst im Jahre 1737 fand der Prior Maurus Hummel von der Reichenau den kostbaren Schatz, den man lange gesucht, in dem genannten Kloster; worauf ihn der Bischof Johann Franz von Stauffenberg reclamirte und unter großer Feierlichkeit wieder in das Münster zurückversetzte, wo er bis heute andächtig verehrt wird.

Dies die liebliche Legende vom heiligen Blut in der Au, die ich, weil vielen meiner Leser unbekannt, nicht übergehen wollte bei unserer Ausfahrt auf die vor meinem Gefängnisse liegende Mönchs=Insel.

Doch nun wieder zurück in die „lichtvolle, aufgeklärte Gegenwart," von der das „finstere, abergläubische Mittelalter" seither unseren Blick abgewandt hat!

Den 9. September.

In aller Frühe des heutigen Tages schon verkündeten Böllerschüsse den Geburtstag unseres Großherzogs Friedrich von Baden, ein Fest, bei welchem so manche Menschenkinder im Lande die Kirche wieder einmal von Innen sehen, nachdem für sie die Glocken das ganze Jahr hindurch umsonst geläutet wurden. Es ist köstlich anzusehen, wie dann diese Jährlinge während des Gottesdienstes sich aufführen, wie sie einige Zeit mit ihren Glacéhandschuhen sich beschäftigen, dann mit Brillenputzen und Haarekämmen, bei der heiligen Wandlung nicht wissen, ob sie knieen oder das Kreuz machen wollen und endlich überfroh sind, wenn der „Herrendienst" abgeleistet ist und sie wieder fortkommen aus der „feuchten Kirchenluft", die mit ihren Beichtstühlen und Todtenurnen an allerlei Dinge erinnert, welche einem „den fidelen Tag" trüben könnten.

Der Geburtstag des Landesfürsten war vor fünfundzwanzig Jahren mir, dem fröhlichen Knaben, liebstes Fest im ganzen Jahre. Da rückte die Bürgerwehr meines Heimatstädtchens, deren Commandant mein seliger Vater war, in großer Gala vor mein elterliches Haus, von da zur Kirche und dann wieder zurück, wobei dann vor der Wohnung des Commandanten die Gewehre in Pyramiden aufgestellt wurden. Eine Wache ging gemessenen Schrittes auf und ab, und ich mußte ihr von Zeit zu Zeit einen „Schoppen" holen, damit es dem Manne nicht schwach wurde. Am Nachmittag durfte ich beim Festessen vom Vater das „Dessert" holen und hörte dann die Festrede „Wunibald's, des Schmied's", der vierzig Jahre lang auf die badische Verfassung, sein Ideal und auf den längst verstorbenen Großherzog Karl Friedrich toastirte, nebenbei aber, als Curiosum sei's erwähnt, „Börne's Brief" auswendig kannte.

Da waren dann alle Bürger vereint mit Beamten und Geistlichkeit, und man trank aus dem großen silbernen Becher, den einst ein Pfarrer des Städtchens, der päpstliche Protonotar Lipp, der Gemeinde hinterlassen hatte, um bei festlichen Gelegenheiten „Friede und Freundschaft" zu trinken. Und Friede und Freude herrschte unter Jung und Alt — es war eine schöne Zeit und ein schöner Tag — für Fürst und Volk. Heute ist es leider nicht mehr so, das unselige Parteileben hat Alles zerrissen, den Bürger vom Bürger, und den Beamten vom Geistlichen. Stille und einförmig verläuft das einst so heitere Fest. Und wer trägt die Schuld? Antwort: unser schöner Liberalismus, der die Gesellschaft vergiftet und überall Zwietracht und Unfrieden gesät hat. Jetzt ist es einem katholischen Geistlichen gar nicht mehr möglich, einem derartigen Festmahle beizuwohnen; denn unsere Liberalen können nicht zwei Worte reden bei solchen Anlässen, ohne über die katholische Kirche und ihre Priester ihre Galle zu verspritzen und vom „innern Feind" und von der „römischen Finsterniß" zu reden. Diese Menschen glauben, man könne den Geburtstag des Landesfürsten, der allen seinen Unterthanen angehört, nicht anders feiern, als durch Verherrlichung der liberalen Heldenthaten gegen die Katholiken und ihre Kirche, darum muß man ihnen, wenn anders Friede sein soll an diesem Landesfest, den gesellschaftlichen Theil des Tages überlassen. Wie weit sie es aber an reger Theilnahme durch ihr Gebahren gebracht, das zeigt jeder wiederkehrende Geburtstag mehr und mehr.

Letzten Herbst stund ich in einer eigenen Anklage und Untersuchung: Der Bezirksamtmann in Ueberlingen, ein intimer Freund von Ultramontanen, insbesondere aber von mir, hatte den Pfarrer von Hagnau beim Ministerium des Innern angezeigt, daß derselbe das übliche Kirchengebet für den Großherzog und den deutschen Kaiser auslasse. Das Ministerium gab „dieses Benehmen des Pfarrers Hansjakob" an das Ordinariat, und das gebot mir, nachdem ich die Thatsache zugestanden, das Gebet wieder aufzunehmen; was auch geschah. Ich hätte dasselbe von selbst wieder eingeführt, allein ich wollte abwarten, wie lange es gehe, bis der, mir gegenüber ungemein umsichtige und forschende Amtmann die Sache anzeigte. Was nun die Geschichte interessant macht, ist die Wahrnehmung, wie sorgfältig unsere Beamten über jenes Kirchengebet wachen, während sie doch selbst das ganze Jahr hindurch nicht in die Kirche kommen, um jener Fürbitte sich anzuschließen; was doch, dem Volke gegenüber, ungemein auferbaulich wäre. Nun, wir sind fest überzeugt, es kommt der Tag und die Stunde, wo diese Herren auch wieder demüthig zur Kirche wandeln, wie sie ehedem gethan haben, da sie ja gewohnt sind, jederzeit gerne das zu thun, was oben genehm ist.

Wenn unsereiner morgen früh Minister des Innern würde, so mache ich eine Wette, daß ohne Ministerialerlaß innerhalb vier Wochen die Gotteshäuser an Sonntagen voll sind von andächtigen Amtmännern, Referendären, Gendarmen u. s. w.

Da aber das Meerwunder nie in Erfüllung gehen wird, daß je ein „Ministerium Hansjakob" in die Welt kömmt, so sind die Herren einstweilen noch dispensirt, können die Kosten für Gebetbücher sparen und das Gebet für die höchsten Herrschaften den „Pfaffen" überlassen.

Den 11. September.

Die Tage meiner Haft nahen ihrem Ende, morgen schlägt die Stunde, da der Vogel wieder frei wird; und es ist Zeit, denn sonst käme ich zu der sehr zweideutigen Ehre Senior des Collegiums zu werden. Zwar geht bis jetzt der „glaubenstreue Gesinnungsgenosse", den ich übrigens nicht mehr beten höre, seit ich seinen Brief an die unrechte Adresse abgegeben, an „Dienstalter" mir vor, allein er wird dieser Tage an das Schwurgericht abgeliefert werden und dann käme der „Vorsitz" an mich. So könnte selbst ein Ultramontaner es zu etwas bringen, aber nur — im Gefängniß.

Aber es ist auch Zeit für meine Gesundheit, die seitdem, Gott sei Dank, wider Erwarten Stand gehalten, jetzt aber unter dem fortdauernden Mangel an eigentlicher Bewegung zu leiden beginnt.

Wer, wie ich, gewohnt ist, jeden Tag, den Gott vom Himmel gibt, und bei jedem Wetter, stundenlang in Feld und Wald sich zu ergehen, den muß, auch wenn er sonst gesund wäre, lange Kerkerluft unbedingt schädigen.

Auf Festung anno 70 war das anders, da konnte ich täglich zwei Stunden lang mit dem Gefangenwärter den Rayon Rastatts umgehen und neugestärkt zurückkehren in mein Gemach, in dem einst Prinz Eugen und Ludwig von Baden gewandelt, als sie den Rastatter Frieden abschlossen; hier aber muß ich „Carousellaufen" um den Zwinger herum und dann, wenn ich müde bin des einförmigen Marsches, in eine Spelunke zurück, die nicht nochmal so lang ist, als ich groß.

Doch ein Trost ist neben dem Rundgang um das Gefängniß mir geblieben, der Holzschopf, wo zur Abwechslung und Leibesbewegung öfters Holz gespalten wurde, was man mir nicht untersagte, weil das jeder Sträfling thun darf, nach neuem Reichsgesetz sogar dazu angehalten werden kann.

Ich rathe daher jedem, der Aussicht hat eingesperrt zu werden, sich fleißig im Holzmachen zu üben; es vergeht damit manche Stunde und das Handwerk ist gesund. Wer weiß, was wir Ultramontane noch Alles treiben müssen, um unser Brod zu verdienen, drum dürfte es gut sein, bei Zeiten etwas gelernt zu haben. Ich wenigstens habe mir vorgenommen, mag kommen, was da will, das liebe deutsche Reich nicht zu verlassen, so lange Holzhacken und Steinklopfen nicht polizeilich untersagt werden und die „Geisteswaffen" der Liberalen uns nicht über die Grenze spediren.

Nach dem Reichsstrafgesetzbuche kann, wie eben angedeutet, jeder Strafgefangene „in einer seinen Fähigkeiten entsprechenden Weise beschäftigt werden". Da man mich, falls die Anwendung dieses Paragraphen beliebt hätte, wohl nicht zum Predigen und Beichthören hätte brauchen können, obwohl das gewissen Herren sicherlich nichts schaden würde, so wäre mir vielleicht Abschreiben dictirt worden. Allein ich würde Holzmachen dem Abschreiben vorgezogen haben, weil beide Berufsarten gleich geistreich sind und „Schreiben" meinem Kopfe viel weher gethan hätte; ich mußte froh sein, meine vorliegenden Gefängnißgedanken in Zwischenräumen täglich schreiben zu können.

Und dann hat man im Holzschopf Gesellschaft, mit der man verkehren kann, ohne „Knigge's Umgang mit den Menschen" studirt zu haben, die einem noch Gelegenheit gibt, psychologische Studien über „Verbrecher" zu machen und bei aller Ehrerbietung, sehr dankbar sich zeigt über unsere collegialische Herablassung. Zwar würde mancher sogenannte Gebildete lieber in seiner Zelle sitzen bleiben, selbst zum Schaden seiner Gesund-

heit, als daß er Holz machte bei solchen Menschen. Ich aber
sage, daß gar Viele, die draußen die erste Violine spielen, Ha-
banna=Cigarren rauchen und die „Allgemeine Zeitung" halten,
und denen man Complimente von allen Seiten macht, „gründ=
lich" schlechter sind, als diese Betrüger und Diebe „en minia-
ture"; drum will ich, für meine Person, lieber mit diesen Leuten im Holzhause reden, als mit jenen in Museen zusammensitzen.

Mir ist der Lump in Lumpen viel angenehmer und in
meinen Augen ein weit ehrlicherer Mann, als der Lump der
gebildeten Gesellschaft, in Frack und Cylinder.

Eben vernehme ich, daß gestern meinem Bruder, der aus
der Heimath hierher gereist war und mich besuchen wollte, von
dem Oberamtsrichter der Eintritt in das Gefängniß verweigert
worden sei, und er so unverrichteter Sache wieder abziehen
mußte. So schließt denn meine Gefangenschaft, wie sie ange-
fangen, mit bureaukratischer Liebenswürdigkeit, die ich übrigens
seiner Zeit und am gehörigen Ort zu verwerthen wissen werde.
Selbst Zuchthäuslern gestattet man, meines Wissens, Besuche
von Blutsverwandten, ich aber bin scheint's weniger Rücksicht
werth als ein solcher. Mögen doch ja diese Herren von Oben
ihren verdienten Lohn finden — für strenge Pflichterfüllung einem
Ultramontanen gegenüber!

Welche Bilder in der Richtung sich abspielen, hiervon nur
ein Beispiel, als Gegenstückchen: Letzte Woche kam ein Bauer,
um eine **sechstägige** Strafe im hiesigen Gefängnisse abzu=
sitzen; am Abende des **zweiten** Tages schon erhielt der Mann
vom gleichen Amtsrichter **einen** Tag Urlaub und nach Ablauf
dieses Tages abermals Verlängerung für zwei weitere Tage.
Als Gründe soll er eine gerichtliche Vorladung nach einem benachbarten Amtssitz, und daß er „die Schuhmacher auf die
Stör (in's Haus) bekomme" — vorgegeben haben. Der Bauer
aber verlängerte, nachdem die Urlaubszeit vorüber war, seine
Ferien eigenmächtig weiter, und ist bis heute noch nicht da.

Mir hat das Justizministerium, trotzdem ich schon vier
Wochen im Gefängnisse war, drei Tage Unterbrechung verweigert,

und doch kamen in mein Haus keine Schuhmacher, — sondern der Bischof. —

Den 12. September.

In vergangener Nacht heulte der Sturm um meine Zelle, wohl zum Zeichen der Wetter, die draußen in der Welt, in die ich heute zurückkehren soll, toben und stürmen, und um mich nochmals recht lebhaft fühlen zu lassen, wie still und ruhig die Tage eines Gefangenen verlaufen gegenüber denen, die man zubringt unter den Menschen — „im feindlichen Leben".

Ja sie sind vorüber die neunhundert sechszig Stunden einsamer Gefängnißhaft, vorüber mit der ganzen Sturmeseile der „unwiederbringlichen Zeit", vorüber mit all' ihren hofgerichtlichen und ministerialen Excessen, vorüber mit all' den „nicht dagewesenen", oder „gerne gekommenen" Besuchen, vorüber mit all' den wechselnden Gestalten mitgefangener Collegen, vorüber für immer!

Und was haben sie genützt? — Wenig und viel:

Wenn es Leute geben sollte, welche glauben durch die abermalige Einsperrung meiner schwarzen Wenigkeit und dadurch, daß man mich um viel Geld gebracht hat, sei ich dem herrschenden Liberalismus gegenüber „zahmer" geworden, so sind diese Leute gründlich auf dem Holzweg. Ich werde mit dem gleichen Muthe und der gleichen Verachtung liberalen Treibens weiter kämpfen in Schrift und Wort an der Seite meiner Freunde und Gesinnungsgenossen, so lange mir Gott Leben und Gesundheit gibt, und „das Narrenschiff unserer Zeit" noch nicht sein Ende gefunden haben wird am Felsen der Kirche.

In dieser Richtung also hätte das Gefängniß wenig genützt, gerade so wenig, als die Festung vor drei Jahren.

Nach einer andern Seite hin aber war das Leben in der Zelle nicht fruchtlos. Ich habe, weil ganz abgeschlossen von der Außenwelt und besuchslos, das einsame Leben, mit mir selbst, kennen und lieben gelernt und, wie ich schon oben angedeutet, gefunden, daß Einsamkeit noth- und wohlthut. Und ich möchte fast die mir zugedachte Gefängnißstrafe für eine mir bestimmte, heilsame Gnade des Himmels ansehen.

Ich halte mich heute noch für unschuldig und doch —

> Gott hat es gelitten,
> Wer weiß, was er gewollt? — —

Ich vermeine jetzt ziemlich klar eine Ahnung von dem zu haben, was „Gott gewollt hat".

Freilich trug zu dieser geistigen Frucht, wider Willen, auch ein Theil jener Kraft bei,

> Die stets das Böse will
> Und stets das Gute schafft. —

Zum Abschied möchte ich der Stadt Radolfzell gerne die Worte des Dichters zurufen:

> Gehab dich wohl, o Stadt! die du in deinen Zinnen,
> Hast meinen Leib gehabt, nicht aber meine Sinnen;
> Gehab dich wohl! mein Leib ist nun vom Kerker los-
> Ich darf nun nicht mehr sein, wo mich zu sein verdroß —

allein Radolfzell hat keine Zinnen, nicht einmal einen anständigen Kirchthurm, und dann hat mich der Kerker, wie eben gesagt, nie verdrossen, ich war stets stillvergnügten Sinnes.

Meinen Dank kann ich zu sagen nicht unterlassen den Gefangenwärtersleuten, die bei strenger Pflichterfüllung, welche ihnen übrigens von mir in keiner Weise erschwert wurde, stets voll der größten Zuvorkommenheit gegen mich gewesen sind.

Meinen Collegen aber, welches immer ihr Verbrechen sein möge, die mit mir in die Zellen sich getheilt, rufe ich zu: „Gehabt Euch wohl! Unterlasset für die Zukunft das Annexiren im Kleinen, und wenn Ihr schimpfen wollt, schimpft über „die Pfaffen". Wandelt, wenn Ihr einmal erlöst werdet, den Weg „deutscher Treu' und Redlichkeit", und wenn Ihr politisiren wollt, so werdet liberal, wie alle „ehrlichen Leute". Lebt wohl!"

Du aber kleine Zelle, die du so manche Stunde mich beherbergt und die du mir lieb geworden, lebe wohl, hab' Dank für Vieles! Leb' wohl! — auf Wiedersehen?! — —
Und nun frisch und frei wieder hinaus in den Kampf des Lebens! Adieu! —